你淡定的样子真好看

来自萨提亚的生命启发

胡慧嫚 著

北京联合出版公司
Beijing United Publishing Co.,Ltd.

图书在版编目（CIP）数据

你淡定的样子真好看：来自萨提亚的生命启发 / 胡慧嫚 著 .-- 北京：北京联合出版公司，2018.3（2018.4 重印）
ISBN 978-7-5596-1639-5

Ⅰ . ①你… Ⅱ . ①胡… Ⅲ . ①心理学 - 通俗读物 Ⅳ . ① B84-49

中国版本图书馆 CIP 数据核字（2018）第 017299 号
著作权合同登记 图字：01-2018-0383

你淡定的样子真好看：来自萨提亚的生命启发
作　　者： 胡慧嫚
顾　　问： 洪锡瑭
总 发 行： 北京华景时代文化传媒有限公司
特别鸣谢： 耿璟宗
策　　划： 左美玲
责任编辑： 管　文
封面设计： 仙　境
插图设计： 黄琼萱
版式设计： 张　敏
责任校对： 毛帅鹏

北京联合出版公司出版
（北京市西城区德外大街 83 号楼 9 层 100088）
北京中科印刷有限公司印刷　新华书店经销
字数 180 千字　880 毫米 ×1230 毫米　1/32　9 印张
2018 年 3 月第 1 版　2018 年 4 月第 3 次印刷
ISBN 978-7-5596-1639-5
定价：45.00 元

当我内心足够强大

——维吉尼亚·萨提亚

当我内心足够强大，
你指责我，
我感受到你的受伤；
你讨好我，
我看到你需要认可；
你超理智，
我体会你的脆弱和害怕；
你打岔，
我懂得你如此渴望被看到。

当我内心足够强大，
我不再防卫，
所有力量，
在我们之间自由流动。
委屈、沮丧、内疚、悲伤、愤怒、痛苦，
当他们自由流淌。
我在悲伤里感到温暖，
在愤怒里发现力量，
在痛苦里看到希望。

当我内心足够强大，
我不再攻击。
我知道，
当我不再伤害自己，
便没有人可以伤害我。
我放下武器，
敞开心，
当我的心，柔软起来，
便在爱和慈悲里，
与你明亮而温暖地相遇。

原来，让内心强大，
我只需要，
看到自己，
接纳我还不能做的，
欣赏我已经做到的。
并且相信，
走过这个历程，
终究可以活出自己，绽放自己。

萨提亚—讨好姿态和超理智姿态

（见正文 63 页、70 页）

萨提亚—指责姿态

（见正文 76 页）

打岔

（书中场景，不作学术参考。见正文 82 页）

萨提亚—内心冰山图

（见正文 109 页）

目录

第三章
认识

第四章
亲密

第五章
自由

第九章
定锚

第十章
和解

第十一章
礼物

引言

遇见萨提亚　遇见真实的自己

请你安静下来，好好想想：

你每天在做的是一些应该做的事情，还是你真正喜欢的事情呢？

你明白你自己真正的需要吗？

为什么事业的成功让我们拥有了舒适的生活，可幸福的感觉却没有相应增加？

在你的人生中，你和你所爱的人（父母、兄弟姐妹、夫妻、情侣、儿女、朋友）是否有一段真正的亲密关系？

你是否真切地感受到被爱、被接纳、被肯定、被尊重呢？

而你的父母、伴侣、孩子、朋友，他们的内心又是否感受到你的爱、接纳、尊重和肯定呢？

而你生命中最重要的人——你自己，你和自己有没有一段真正的亲密关系呢？

科学家发现大多数疾病的产生，都与思想、情绪有关，你对自己的身体、思想情绪的了解有多少呢？

面对这些看似简单的问题，大部分人却都沉默了。

有一个人，她一生致力于探索人与人之间，以及人类本质上的各种问题，她在家庭治疗方面的理念和方法备受专业人士的推崇。跟随她，我们会慢慢去发现、去了解、去拥抱那个在我们内心深处，被忽略的真实的自己。

萨提亚女士深信，每个人都是一个奇迹，在生命的过程中不断演变、成长，并且永远都有接受新事物的能力。她设计并发展完善的萨提亚模式训练课程在全世界范围内得到了认可，帮助无数人迈向身心一致，提高自我价值感及责任感。越来越多的人都从中找到了内心的平静、喜悦和力量，同时也为自己创造了更幸福的亲密关系。

萨提亚是谁？萨提亚模式是什么？

维吉尼亚·萨提亚(Virginia Satir，1916—1988)，美国最具影响力的首席治疗大师，被誉为“每个人的家庭治疗大师”。由她发展创新的探索家庭关系的技巧，为广大治疗师所推崇。

萨提亚模式是关于如何与“自己”“他人”“情境”达到和谐统一的学问。萨提亚女士将深邃广博的心理学与人们的日常生活紧密联系起来，让每个人都能得到来自萨提亚的温暖有力的生命启发，发现新的自己，达到更高的生命境界。

萨提亚模式是一种心灵体验过程。最大特点在于着重提高人的自尊、改善沟通及帮助人活得更“人性化”(Become more fully human)，并不是只求消除“症状”(Symptoms)。她帮助我们认识到，每一个生命都有着独特的成长脉络，无论过去的经历和感受是怎样的，都值得尊重，治疗的最终目标是达到个人“身心整合，内外一致”，使个人的潜能得到最大发挥。

萨提亚模式融合了各种各样的感知及分析技巧，例如家庭雕塑、影响轮、团体测温，以及用白色绳索展现出家庭关系图，显示个人与家庭之间的心理脐带关系。这些方式均灵活地糅合了行为改变、心理剧、当事人中心等各派心理治疗技巧。

萨提亚模式“凡事皆以人为本位，以人为关怀”的信念使得它深受广大人群的推崇。在注重“我”和“你”的同时，更关心“我们”，在这样一个被充分尊重和关心的过程中，人们对事业、家庭、婚姻、健康以及个人成长都能有更深层次的感悟和学习，重获并掌握生命的意义，做一个身心一致的人。

萨提亚的四大助人目标

一、提高自我价值（自尊）

自我价值是一个人对自己的价值判断、信念或感受。

二、能更好地做出选择

三种以上才是选择，而且更有力量。

三、更有责任感

为自己的内在体验和外在行为负责，我们驾驭它们，为它们做出选择，并透过它们体验喜悦。

四、更内外一致

与自己接触，兼顾自我、他人、情境，并能够驾驭自己。

萨提亚模式适合哪些人？

一、在关系方面有困惑

在亲密关系、亲子关系、家庭关系中有难以逾越的障碍，但找不到合适的解决方法的人。

二、在感情方面有困惑

在感情中没有安全感，或是在一段感情、婚姻结束后，难以放下过去，开始新的感情生活的人。

三、在情绪上有困惑

不会控制自己的情绪，容易发脾气，事后常常会后悔自责的人。

四、希望提高生活品质

希望获得心灵成长，提升自己生活品质的人。

五、专业心理工作者

工作是帮助他人，并且希望提升自己的助人能力，学习助人技巧的专业心理工作者。

自序

我与萨提亚美好的相遇

我记得张曼玉说过的那个画面，独自面对着镜子，手拿剪刀随性自由地为自己剪了一头短发，说："我是我的张曼玉，不是任何人的。"

我记得王菲说起的那一个放逐纽约的午后，蹲坐在街边看着人群从眼前川流而过，"每一个人都有那么清楚的样子，那么，我究竟是谁？"

我记得珍·古德说起的，在那些连续几日镁光灯焦点专访又接着衣香鬓影、盛大荣耀的授奖典礼时刻，但是她最渴望的，却是隔日回到她的宁静森林独自漫步，与大树说说话。

说起我自己，近二十年的时尚杂志工作，表面上光灿繁华，其实处处都是与人交会的美好印记。就像我记得的，不是双 C 标志，而是神秘冷艳的 Coco Chanel；我记得的不是 Prada 商标，而是那个叛逆的左派女孩，不得不接手家族事业后，在优雅乖驯中夹带不羁叛逆灵魂的 Miuccia Prada；我看见的不是最新一季的服装或色彩趋势，而是背后那些极度敏感又才华横溢的时尚设计师们，对人、对当代社会、对世界、对未来的感受，以及将这些感受幻化诠释，开阔引领……这些人，这些交会的生命如此触动、滋养着我，一如之后我在心理咨询领域里的每一个相遇。

那年 9 · 21 大地震之后，因为对受难者的不舍，我拿起电话拨通了招募志愿者的专线："谢谢你，请问你有什么帮助人的专业技能？"电话那头，声音亲切却顿时让我语塞，"原来帮助人不是只要愿意付出时间和心力就可以，是需要专业的！"

这个新的认识让我走进了张老师志愿者培训班，也在蛰伏多年之后，因着"虽然是志愿者，也希望能带给来访者更专业的帮助"的信念，我正式跨进学习心理咨询的大门，并且一路越走越远，于是，我遇见了萨提亚、完形、叙事、荣格、Bowen、焦点、心理剧、表达性艺术治疗……

而其中，我与萨提亚女士的相遇最为深刻，那是一场生命与生命的深度共鸣。我在这段与心理咨询以及与萨提亚女士的相遇的历程里，体会到无尽的滋养、成长、蜕变。那包括往内认识自己、爱自己、完整自己，同时向外了解他人、爱他人的能力。包括持续练习并体会着"我在，你也在"的既开阔又涵容的人我关系，也包括一种安然愉悦的"自在"——真正的自己存在着，并逐渐在这个自在里，开始更好地绽放属于自己生命的香气。

萨提亚女士所说的为自己创造"第三次诞生"，这美好，我体会，我看见。于是，有了这本书。

这不是一本萨提亚的咨询专业教科书，而是如同萨提亚女士的这个信念——“生命与生命是相互影响、相互滋养引领的”，我尝试写出的，既是对智慧、诚挚、温暖的萨提亚女士的感谢与致敬，也是萨提亚成长模式对于我的美好滋养、引动与启发。同时，这本书，也是我在过往生命的大河里和诸多人、事、物相遇交会时，反身自问、探索的点滴。

书中，艾莉是你，也是我。

这一路上，我们并不孤单。

献给我的父母，他们以生命示范教导我——爱、真诚、温暖，是一种宁静且巨大的力量。

第一章 改变

存在这里的，

不是别人期望的那个我，

不是自己冀望的那个我，

而就是“真正的自己”存在着！

我们所有的力量、快乐与幸福，

都是从这颗“自在的种子”，

开始萌芽生长！

改变永远是可能的

艾莉气到发抖。

这次实在太过分了，自己孤单又无助。

老板眼中的大红人石敏，在公司一向就以刻薄出名。平常总是不断通过身边的狐群狗党造谣，伤害那些具有威胁性或是不跟她结盟的同事，为创造自己得利的机会。看到聪明的敌手，就造谣对方城府深、会算计人；长得美的，就暗讽她靠身体升官；有个性的，就说他太自我很难搞；会反击的，就暗指他不合群、尖酸刻薄。很多人都被她整得遍体鳞伤，但试图反击的人往往受伤更重，对石敏却未必有太大影响。

这是一股职场恶势力！大家都知道，但受害的人还是一筹莫展，人心惶惶。

最近升官之后，石敏更是变本加厉。

更惨的是，这次她似乎盯上了艾莉。

才一回到座位，艾莉就看到桌上四五张便利贴都是石敏急如星火的留言，手机和电脑上也同步出现措辞严厉的要求和指令。艾莉知道这次不妙了，可是想破头也想不到自己是哪里出了状况啊！低头站在石敏面前，莫名其妙地被狂骂一阵，艾莉才搞清楚，原来石敏打算拿自己当替罪羔羊，把她捅出的娄子安个罪名赖在艾莉经手过的文件上。

“这世界上怎么会有这么可恶的人啊！”愤怒、害怕、厌恶，所有强烈的负面情绪一拥而上，所有难听的诅咒也已经冲到口边。

气到发抖的艾莉觉察到自己的愤怒，可是这段时间以来苏青带领她做的练习，让她不再直接掉入旧的“立即反应模式”里。

“静下心来，深呼吸。”苏青的话语在艾莉脑海中出现。

深深地吸了一口气，再把胸口的愤怒和烦闷一点一点吐出来。原本胸口高涨的情绪逐渐成功降温了下来，艾莉感觉到自己的内在也稳定了一些。

调整好自己的身心状态之后，她开始在心底浮现苏青说过的那个**完整圆满的“全人图”——一个大圆里写了一个正正的“人”字，把整个大圆分成了均等的三个区块，每个区块上各自代表了“自己、他人、情境”。**

艾莉在心底默念着这句秘诀心法：“**看看自己、看看他人、看看所处的情境。**”跟随着这个内心练习，她开始更全面也更清楚地扫描当下的局面……

石敏是一副胜券在握的嘴脸。

“怎么样？我赖到你身上又如何？也不看看谁的后台硬！

最好你委屈大哭或者大发脾气，大家就会觉得你怎么又歇斯底里？像个小孩一样一点都不成熟！”

这个“看见”提醒了艾莉，除了感受到自己的生气和委屈外，此刻真实的状况就是屈居劣势，而且眼前正是一个由石敏挖好的坑等着她跳下去。她再快速地扫视一旁几位相关主管，几个跟石敏同党派的看来也不怀善意，有些居中派的更是一副事不关己，希望事情早早落幕的旁观看戏的样子。

但她也看见了一两双关心的眼神，“我并不是完全孤立的啊，只是显然这次是注定要吃亏了！现在我最该做的事就是保护好自己，尽量让自己受到的伤害减到最低，而且要快刀斩乱麻！”

看清楚全局后，艾莉意识到“表达客观事实并加上柔软的姿态”是对自己最好的保护，也看见石敏要的就是宣示权力。

深深地吸了一口气，她开始稳定陈述自己接手这项企划案时，各部门合作的混乱状况，继而话锋一转：“不过身为参与其中的一分子，我也要为整个方案的不够完善致歉，这是很宝贵的经验，让我学习到很多，接下来我会尽力将它完善收尾。”

艾莉注意到石敏的眼神有了变化，开始由原本的轻蔑和指责变得谨慎。

石敏显然讶异着艾莉不再像以往一样，一被刺激，就像被按开开关似的发泄委屈或生气哭泣。这次她竟然表现得如此稳定又柔软，既巧妙说明了接手时的混乱，又柔软地承担责任认错，甚至还更进一步表达出会借此学习并提升自己的成熟与积极。

艾莉的改变与稳定的反应瞬间让石敏接不了招，原本嚣张跋扈的气焰也随之减弱。看到自己的目的已达到，而且几位主管也开始帮腔，石敏知道这时不是赶尽杀绝的时刻。“好吧，虽然这个案子现在看来一团乱，还好还有点时间，你也有所检讨，那就继续交给你吧！”

这事就在石敏的几句酸言酸语里落幕了。

回到座位上，大战一场后浑身乏力的艾莉虚脱地深吐了口气。友善的王经理经过时，小声地鼓励：“了不起，你撑过去了。”接下了她的赞赏眼神，艾莉心底感到一份暖意。尽管觉察到此刻的自己疲惫不堪，心中对于石敏的恶劣与人事的复杂也感到愤怒与无力，但同时，艾莉也为自己的表现感到讶异和震撼。

“你看，你是可以的！”艾莉不禁在心底为自己感到一丝感动和欣赏。

同时，她心里也浮现了另一句话：“改变永远是可能的！”她还清楚地记得，苏青跟她说这句话时，脸上的神情是如此轻松、平和、愉悦，而且无比坚定……

你这么努力，得到了什么？

也不过是三四个月前，一样是办公室场景，一样是一场由石敏主导的迫害戏码。愤怒和委屈，这两种情绪就像是强烈台风般席卷着艾莉，她气急败坏地一心想为自己辩解，没想到在石敏掌握先机与胜算的情况下，艾莉不但话说不清楚，还显得情绪失控。最后在总经理不耐烦的果决拍板下，艾莉只能闭嘴吞下一切，然后看着石敏得意扬扬的欣喜表情。

下班时，艾莉走出办公室，心里又委屈又愤怒。拨了个电话给男友文杰，想跟他碰面说一说今天发生的事和此刻的心情。

电话没接。过了几分钟，手机传来简短的三个字：“开会中”。

夜色中，整个城市车流与霓虹闪烁，擦身而过的几对情侣看起来都那么幸福快乐，为什么她拥有的只有孤单？

手机响了。电话那头是妈妈一贯焦虑的关心。

“下班了吗？吃饭了没？你跟文杰的婚事究竟怎么样了？你也老大不小了……”突然之间，站在街角的艾莉，再也压不住自己的情绪，终于爆发。

“你可不可以不要再问我打算什么时候和文杰结婚了？我不知道！我根本没有时间想这些！我每天工作到九点多甚至更晚才能下班，隔天一早又要赶着进办公室，事情多到做不完！同事相处又好复杂，很多事情也不是光认真努力做就可以的！”

艾莉感受到自己从心底涌上那么多的疲惫，让她实在无法再像以往一样报喜不报忧，再像以往一样善解人意地回应妈妈。

她开始哽咽起来。

“我一直都没有跟你们说，可是在这个城市生活真的好累！我不知道这么多年了，到底，我累积了什么？工作，永远不上不下，升迁，永远轮不到我，每天上班累得半死，但我根本不知道自己的未来在哪里！感情，一直好好坏坏，不知道和文杰到底该分手还是该结婚？钱，根本存不了太多！**我不知道我的未来在哪里？我也不知道，一直以来这么努力到底得到了什么？又到底为了什么？”**

匆匆地挂了电话，艾莉流着泪大快步地走在街头。

也许只要她走得够快，那些幸福快乐的人就不会注意到她脸上的眼泪。

和真实的自己在一起，活出自在

坐在宽敞明亮的书店角落的长椅上，艾莉原本激烈起伏的情绪终于慢慢淡去。继而浮现的，有疲惫，也有自责。

“我刚刚这样吼妈妈，她一定很伤心，是不是该打电话跟她道歉？还有，我一下把那么多烦恼都倒给她，她一定担心死了，是不是该安慰她一下，跟她说我其实没事？……”

甩了甩头，疲惫让她决定今晚先放过自己。“还是明天再打吧！”

站起身，正准备回家的时候，一旁书店附设的明亮的展览厅吸引了她原本要离去的脚步……“进去晃晃，给自己充充电吧！”

整个展场设计得简约而大气，一幅幅如画也仿若现代舞姿态般挥洒的书法作品，在她眼前豁然展开。那自由、那气势，如此吸引着此刻情绪低落又被困住的她。深深地吸了一口气，她慢慢沿着展场规划的路线前进。也许是因为即将闭馆，展场里的人不多，一个转角回旋开展出另一片空间，前方一个看来大约六七十岁的老太太吸引了艾莉的目光。灰白的头发，一身舒服中透着利落感的衣服，侧肩背着皮质大包。

这个深夜独自看展的老太太，除了独特之外，仿佛还散发着一股说不清的奇妙力量。

艾莉在老太太身后停了下来，随着老太太专注的视线，看着悬挂于眼前的大长幅书法作品——《自在》。

“多棒的两个字！不是吗？”老太太转过头，投给她一个开朗的笑容。

艾莉愣了一下，才意识到老太太是在跟自己说话。

“嗯，是啊！但是……也好难啊！不是吗？”

“这是我追寻了一生的境界。说难，真的也是难，说容易，其实也很容易。不过，现在看到这幅字写得如此苍劲又自由，我知道这位书法家和我一样领略到了自在的真谛。”

“自在的真谛？那究竟是什么啊？我一直很羡慕自在的人，他们看起来总是很舒服、很有能量、很美、很……自在。但是，究竟怎么样才能拥有自在呢？”

看着困惑的艾莉，老太太笑了。

“你把它想得太远、太大了！就跟我年轻的时候一模一样！**其实很简单啊，就是字面上的意思，自己存在啊！**”

“自己存在？”艾莉更加困惑了。

“但我们每个人不都是自己存在的吗？”

“你确定？”老太太意味深长地笑着望向她。

“存在于这里的，真的是你自己？不是别人期望的那个自

己？不是我们冀望的自己？真的是那个真正的自己吗？”

老太太的话，瞬间让艾莉愣住了。

她想起这么多年来，一直那么努力的自己。

工作上，她努力做一个让老板欣赏的员工、让同事喜欢的伙伴；爱情里，她努力当一个温柔、贴心、成熟的情人；在家中，她努力做一个让父母觉得有面子又安心的女儿。

即使是面对自己，她也太熟悉内心里永远有一个声音在跟她说：“你看！你又那么幼稚，不能成熟坚强一点吗？”或者“唉，你怎么老是这么笨？为什么不能聪明一点？”当然，那个“笨”字，还可以替换成“懒”“慢”“糊涂”“胖”“没自信”……然后那个“聪明”，也可以替换成“积极”“快”“机灵”“自信”“有魅力”……是啊！**她其实不想要“真正的自己”存在！因为那个自己不够好、不够聪明、不够美、不够自信……她一直那么努力，就是希望那个“更好的自己”存在。**

至于真正的自己？她要好好地把她藏起来，不能让别人看到，也不想被自己看到。

“最好她消失！”

正当这个心底突然出现的声音让艾莉吓一跳的同时，老太太又说了……

“但是，**只有真正的自己存在了，我们才可能感受到‘自在’，也才能真正散发安然愉悦的气场。更重要的是，我们所有的力量、快乐与幸福，也都是从这颗自在的种子开始萌芽生长的！**”老太太的眼里闪耀着理解、智慧又慈爱的光芒。

“嗯，我想这可能对你们来说很容易，但是对我来说，真的不是啊！”艾莉想起这糟糕的一整天，心情陷在低落与无力里。

“孩子，我可以感觉到，你真的很累了，我想，也许你今天过了很糟糕的一天。”

一些雾气出现在艾莉眼中。艾莉一边努力压抑着，一边像是回答老太太，更像是对自己说：“你说得没错啊，我是真的累了，怎么好像努力了半天，一切都还是在原地打转……”

“这种心情，我懂，我记得年轻时我也是这样的啊！”一个温暖的笑容浮现在老太太的脸上。

“不过，孩子，今天先早点回家，洗个澡，好好睡一觉，这是现在的你最需要的。”老太太一边说着，一边伸手从包包里掏出纸笔快速写下几个字。

“这是我的名字和电话，如果你想改变，就来山上找我吧。”

这是艾莉与苏青的第一次相遇。

她没想到，这个相遇，会一直延续下去。

她更没想到，这份延续下去的相遇，让她真的遇见了自己期待很久的“改变”，也遇见了真正的“自在”，以及那种她一直一直梦想和追求的“幸福”。

慢下脚步，安顿身心

一睁眼，冬日早晨轻透温煦的阳光已经照到了窗前。

艾莉起身，一下子想不起自己身在何处。回了回神，走出客房，阳光敞亮亮地照进来，山上微凉清新的空气，让身心为之一振。就在她忍不住闭上眼，深深吸进一大口这清新空气的时候，苏青刚好推门进来，手上握了一大束显然是刚摘下的新鲜花叶。

“起来啦？昨晚睡得好吗？”苏青声音里像是带着门外冬阳的温度和光亮似的，莫名照得她暖烘烘的。

“嗯，很好，谢谢你邀我上山来度周末。”艾莉一边说，一边看着苏青进门后顺手在玄关长台上、客厅小桌上、书柜上……各处的小花瓶里随意地丢下几株花叶，最后将手上的整把花束放进木质长餐桌上的陶质花器里。

她喜欢那些绽放着少女粉、嫣紫、月光白色泽，看起来轻柔飘逸的花朵，还有那些搭配着的淡绿或深绿的草叶。

是的，她爱花，但从来没有真正亲手栽种过。

太麻烦了！

艾莉太了解自己了，这种照顾生命的事她实在不擅长，无论是动物或植物都一样。“万一死掉怎么办？还是有自知之明的好，别找麻烦了！”总是这么想，所以爱花的她总是直接买花店里的鲜花。但她今天似乎还嗅到一股初采下来的淡淡香气，甚至还有一些泥土的味道，她对这种新的味道感到新奇。

正当艾莉沉浸在自己脑中各种忙碌的思绪中时，苏青递来了一杯用几种刚从花园摘下的新鲜香草叶冲的热茶。

“喝一下暖暖胃，待会儿就可以吃早餐了。”

“嗯，好。”脸上心里都挂着微笑，艾莉感激地说。

等待的时间，她信步走到了靠墙一整排的书柜前，先是被书本前方随意摆放的各种照片、小物、明信片而吸引。一个黑石雕的非洲小人偶、一只只姿态可爱的印度拼布迷你象、几个小巧漂亮的银饰盒……然后她开始随意地浏览柜子上的书。好奇地抽出一本，才翻开，一片漂亮的银杏叶就掉了出来，她赶快把叶片拾起，重新放回原本的页面上，然后书上一段小诗就这样展现在眼前：

我是我，
全世界，没有任何一个人和我一模一样，
有些人部分像我，但没有一个人和我完全一模一样。
每一个源自于我的事物，都是我个人的选择，
所以，都真真切切地属于我。

我拥有我的一切，我的身体，包括它的一切举动；

我的大脑，包括它的所有想法和见解；

我的双眼，包括它见到的所有影像；

我的感觉，无论可能是什么，愤怒、快乐、挫折、爱、失望、兴奋；

我的口，包括它所说出的所有言语，礼貌的、甜蜜的或粗鲁的，对或不对的；

我的声音，大声的或轻柔的；

我的所有行为，无论是对别人的，或对自己的。

我拥有我的幻想、梦想、希望和恐惧，

我拥有我所有的胜利和成功，所有的失败和错误。

因为我拥有全部的我，

我能够和自己成为亲密熟悉的朋友。

由于我能够如此，

我可以爱自己，并且和我的每一部分和谐共处，

于是我能让自己完整和谐地运作，创造出最棒的自己。

我知道自己有些部分让我感到困惑，

还有其他部分是我不明白的。

但只要我对自己友善且疼爱，

我就能勇敢且满怀希望地寻求解答，

并且发现更多的自己。

任何时刻，

我看、我听、我说、我做、我想、我感觉，
那都是我，
这是真实的我，代表了当下的我。
稍后当我回想起，
当时自己的所看、所听、所言、所行、所想、所感觉，
有些部分也许会让我感到不合宜，
我可以摒弃那些不合宜，保留合宜的部分，
并创造一些新的可能性。
我可以看、聆听、感觉、思考、说话和做事。
我有方法能让自己活得有意义，
也能够亲近他人，
并且丰富地创造出我的生命。
我拥有我自己，
所以我也能掌管我自己。
我就是我自己，而且，我很好。
（注：出自萨提亚 *I am me*）

正读得入神，苏青充满活力的朗读声从另一端传来。

“早餐都好喽，先过来吃吧！”

才一下子的工夫，眼前已经有一盘水果沙拉，一个竹篮子里装着几个形状不一、一看就是手做的热腾腾的面包，还有一壶飘着香气的热茶。

“哇！好香啊！”

“记得，**要解决问题之前，得先安顿好身心。**”又是一个安

然的微笑，仿佛指引般的，苏青继续说着。

“不用急着做什么，不用急着赶去哪儿，不用急着学些什么、改善些什么。一直以来，你已经够努力了，不是吗？你可以先欣赏并感谢一直努力的自己吗？你值得慢下脚步来，好好照顾一下自己的身心。”

“我……”艾莉原本想说些什么，但苏青简单的这句话——“一直以来，你已经够努力了！”就让所有的话都哽在嘴边。像是懂得艾莉内心的触动似的，苏青用体贴又轻松的话语打开了一个放松的空间。

“你想要搭配蜂蜜，还是加一点奶酪？对了，介绍一下，这是热情的大黄狗‘波波小姐’。”苏青一边伸出手迎向蹭在脚边不停热情舔着的狗儿，一边大笑着跟她介绍。

艾莉大口咬下热腾腾的面包，顿时，坚果杂粮的香气，就在嘴里散开。那香气和温度，就像苏青，又像今天的阳光一样，为她的身心都注入了饱满的力量。

迷茫，是改变的绝佳起点

“你一直都是这么自在、开心吗？”终于忍不住好奇，艾莉问出了口。

“当然不是啊！以前的我可会钻牛角尖了！**内心就像有个小剧场似的，总有各种内心戏、各种对白，演得可热闹了呢！**”

“内心小剧场！哈，这形容真的好精准啊！我就是这样的啊。”艾莉像是找到同类似的放松了下来。

“那……你是怎么改变的呢？”好奇心带着她进一步探问。

“你对改变很好奇，也很感兴趣？”

“嗯，是啊。只是……我真的觉得，改变好困难啊！”艾莉的语气透露了自己一直以来的努力和疲惫，眼眶里开始有泪水在打转。

苏青发现了，倒了杯茶递给艾莉，没多说什么，也完全不急着追问些什么，只是自在地逗弄着舒服躺在木桌旁的波波。

在这一方由安静舒展开来的空间里，艾莉慢了下来，喝着茶，看着苏青的双手轻轻地在波波的脖子上抚弄着。狗儿蜷卧、双眼轻闭，舒服地打着呼噜。

艾莉感觉到自己原本僵硬了很久的身心，仿佛也随着苏青轻轻抚触的双手，逐渐地放松了。像是具有魔力似的，她开始对着其实还称不上熟悉的苏青细细地说起了自己。

“虽然表面上看来，我好像一切都还不错，有看似光鲜的品牌活动企划工作，有一段已经维持五年的稳定感情，还有爱我的家人。但大家不知道的是，好长一段时间以来，我的心一直觉得喘不过气，所有的事都像是卡住了。原本应该最靠近、最熟悉的自己，好像也越来越模糊、越来越疲惫、越来越提不起劲、越来越迷惘。我也一直努力地调整，努力想让自己改变。瑜伽试过了，夜跑也跑了，健身房去了，纾压、芳疗、手工艺、烹饪等课程也都参加了，但总像是差了临门一脚，或者，也常常半途而废……”

艾莉说起工作上的困境、家人相处间的爱与沉重并存、爱情关系里越来越少甜蜜、越来越多挫折。还有，更痛的是，她对这样的自己既无力又失望，心底很想改变，却又仿佛整个人被困在蜘蛛网上似的，完全无能为力。

艾莉一口气哗啦啦地说完了。

一直倾听着的苏青，让静默在她们之间停留了一会儿，然后才缓缓地，却也同时坚定地说：“你知道吗？改变总是有可能的！”

“但是改变一点也不容易啊！就算我低声下气，别人也不会因此愿意一起尝试改变啊！我如果退让，别人就得寸进尺；我如果坚持，别人就指责是我太固执。改来改去都是我在改，一点用也没有！工作是这样、感情是这样，跟家人相处也是这样！有时候我真的觉得太累了，我好想丢掉一切，自己一个人走得远远的，一切全都重新开始……”

艾莉忽然感到沮丧，同时也有点生起气来。

“是啊，改变的确不容易，有时候，我们需要给自己更多的时间。”

“给自己更多的时间？现在都已经一团乱了，工作、感情、家庭，没有一个是顺利的！到底还要等多久才能变好！”

突然间，艾莉意识到自己不该忽然发起这么大的脾气，对这个失控感到挫败又不好意思。

“对不起，我不是故意吼你的。”

“我知道你不是故意的。”苏青看着她，仿佛看进了她心中。

“你生气，是因为你付出这么多，别人却还是不懂；你生气，是因为你已经这么努力了，却还是走不出这些困境；你生气，是因为你很气自己，没办法掌控这一切。但是透过你的生气，也让我知道你有多挫败，有多在乎。”

艾莉看着苏青，眼泪流了下来。

很久没有人这样对她说话了。

姐妹淘会陪她散心，支持她骂男友、抱怨公司；亲友、前辈会热心地指导她，提供有用的方法。但遇到这样的低潮，艾莉不想只是发泄，也不想再听到激励或劝诫。

苏青说中了她的心事。

她真的好努力、好努力，这一切之所以会这么辛苦，是因为她真的想要……

工作上，她希望安定，也希望有机会表现和成长；感情上，她希望文杰是可以和她走到最后，携手偕老的贴心伴侣；和家人之间，她希望可以少些要求、少些指责争吵，可以真正地互相支持陪伴……这些愿望不是很单纯、很基本吗？究竟为什么会这么难呢？

可是苏青说得没错，尽管这么挫败、这么伤心，她还是真的在乎。

“是啊，我是真的在乎！要不然我也不会这么痛苦、这么伤心了。”艾莉喃喃地说。

“从你的话里我听见了，你对未来仍有盼望，只是不知道现在要怎么做。但是你知道吗？当你真的在乎、真的要时，你就掌握了改变的契机！”

“当我真的要时，我就掌握了改变的契机！”艾莉重复着这句话，像是在慢慢体会其中的意义，也在这当中感受到一股暖暖的力量。

是时候换种活法了

“所以，我到底该怎么做才能改变呢？”

紧紧环抱着又暖又大且毛茸茸的波波，艾莉的问句像是抛向苏青的，也像是倾诉给波波听的。

看着艾莉仿佛小女孩般的举动，苏青微笑了。“我可以感觉到你现在的无助，不过在我们谈到‘怎么做才能改变’之前，你得先回答一个很重要的问题。”

“很重要的问题？那是什么？”

“你要什么？”

“我要什么？”

“是啊，就像你一直赶着出发去旅行，但你真的知道目的地在哪里吗？”

“我要什么？我要去哪里？”像是被问题困住了，艾莉一边陷入沉思，一边重复着这两个问句。

思索了一阵子之后，艾莉大声地说着：

“我……我想要幸福！我想要快乐啊！我也想要身边的人都幸福快乐啊！”

“那么，你有没有想过，怎么样才是幸福快乐呢？”

“怎么样才是幸福快乐？嗯……就是有好的爱情、有好的工作、有钱、有好的生活、身体健康、家人和朋友都健康平安快乐……”

“所以你的幸福快乐都在‘外面’？”

“外面？也不是啊，**如果我拥有了它们，它们就在我‘里面’啦！**”

“所以，如果你还没有拥有它们，或者说，如果你拥有的是还不够好的那些，你的内在就是空的？”

“我……我没有想过这个问题……但是我的确常常觉得自己一事无成，一点价值都没有……是啊，整个人好像空空的，飘飘荡荡的。我不知道我拥有什么！能力？爱情？工作？金钱？魅力？智慧？幸福？好像没有一样是我拥有的……”艾莉说着说着，低头难过了起来。

“这么久以来，你一直那么努力地往外找，就是希望能够建立属于内在的价值和……存在感。然后你相信，这样就可以得到幸福和快乐？”

“嗯，可是……我越找越慌，也越来越看不到自己的价值，以及你说的存在感，幸福快乐好像也离我越来越远……”

“有没有可能，是你把顺序搞错了？”

“顺序搞错了？这是什么意思啊？”

“反正原来的方式你已经试了那么久，却还一直看不到出口，你要不要干脆试试看另一个‘反向’的新方法呢？说不定可以带你找到新出路！”苏青轻快的语气和新鲜的用词引起了艾莉的好奇。

“新方法？新出路？那是什么呢？”

“如果你愿意，这次我们**从自己的‘里面’出发，然后再走向‘外面’。把它当成跟我去一趟新鲜的‘心旅行’吧！试试看，会不会就此遇见你想拥有的幸福快乐？**”

“你是说，这个新方法、心旅行，还是会走到‘外面’跟这个世界的人、事、物联结？跟金钱、工作、爱情、家人联结？我可不想去那种强调追求身心灵的世界，结果像我一个朋友一样，每天都泡在身心灵的课程里，甚至还追着到世界各地去上课，然后一身素净白衣搞得怪兮兮地活在空中喔。”

苏青听了，哈哈大笑：“你看我，是活成这样吗？”

听苏青一说，艾莉也不好意思了起来。

“是没有啦，我一直觉得你很特别。之前听你说，年轻时在时尚圈工作，之后竟然转学心理咨询，可是又创新地走出心理咨询领域，用属于你的方式与人对话联结。并且现在你也不是隐居山林，而是继续山上城市两边跑。你爱大自然，却也完全能够享受‘我们一般人’追求的物质世界。第一次遇见你的时候，衣着虽然低调，但看得出来质感很好，也很有自己的风格……就是好像既出世又入世。”

苏青微笑地说：“因为这是我体会到的真相：**我们从来都不需要二选一。心灵和物质，从来不是两个对立的世界，自己**

和他人，也从来不是两个不可兼顾的难题。”

“你是说，我既可以拥有心灵世界，又可以享受物质世界？我可以是完整独立的我自己，同时也可以跟他人保持美好而亲密的联结？”

“是啊！人生本来就是这样的！不过，**我们得先从遇见自己内在的完整，先和自己有一个和谐的关系开始。”**

“遇见自己内在的完整？先和自己有一个和谐的关系？”

“这两句话让你感到很陌生吗？”

“哈，是啊！我一直努力在做的，好像都是怎么样跟别人有一个和谐的关系。”

“我说了，这次的旅程，我们要倒转一下，从‘里面’开始，再走到‘外面’。怎么样，你愿意试试走一趟这个新鲜的旅程吗？”

“所以这个心旅行是关于改变，关于得到快乐，关于得到幸福的？”

“是的！这是一趟关于改变、关于自在、关于幸福的心旅行！”

“好，那我要参加这个旅行团！”

“哈哈，欢迎欢迎！不过，先声明，这可不是包吃包住、帮你照管一切的旅行团，而是一趟背包客的自助旅行喔！你得自己背行李、找旅馆、找餐厅……一切都得自我负责、自我照顾。”

“嗯，好！我已经迫不及待地想要出发啦！”

对于这趟未知的心旅行，艾莉的眼睛里闪烁着好奇与期待。

第二章 完整

记住这个圆满的“全人图”，
它既是我们的目的地，
也是我们这趟心旅行中的地图，
指引我们成为一个
完整而且内外和谐一致的“人”。
以前，我们往往都误以为，
自己需要成为一个完美的人，
但其实，
完整，才是我们要去的方向。

健康的沟通长什么模样

云开了，山区的月亮皎洁而明亮。艾莉接受了苏青的邀请，两人一起在山路小径散步。一路上，波波兴奋地跑前跑后，为宁静的夜增添了几许温暖与热闹。在一处视野开阔的避风处，两人坐了下来，静静地望着远方灯火闪烁如星光的喧嚣城市。

“你说，要出发去旅行，我们得先知道目的地在哪里。你也说，我想要的是幸福快乐，但是‘一直从外面去找’这个顺序可能是错的，这次我们试试从自己‘里面’出发，然后再走向‘外面’。那么，我们的这趟心旅行究竟该从哪里开始呢？”

“哈哈，你等不及了对吗？”苏青转过头来，慈祥又开朗地看着艾莉，“很棒啊！这让我感受到你真的渴望抵达目的地。上次你说，希望自己能得到幸福快乐，也希望身旁的人能幸福快乐。说到底，我们都希望一切能够完整圆满对吗？”

“是啊！我真的好希望一切都是和谐舒服的。”

“你说到重点了。‘和谐’再加上另一个重点——‘完整’，就能够让我们感到快乐、自在，还有幸福！”

苏青突然起身，走到一旁捡起一根枯树枝，在泥土地上画出一个大圆，接着又在大圆里满满地写下了一个“人”字。

“这个，就是我们这趟心旅行的目的地，我称它为幸福圆满的**‘全人图’**！”

“幸福圆满的全人图？”艾莉好奇地靠了过去。

“是啊！如果再画得仔细一点，它应该是这样的。”

苏青拿着手上的长树枝，在大圆中以“人”字划分出的三个均等区域里，各自又写下了几个字。一旁暖黄路灯的照耀下，艾莉依序读着：**“自己、他人、情境。”**

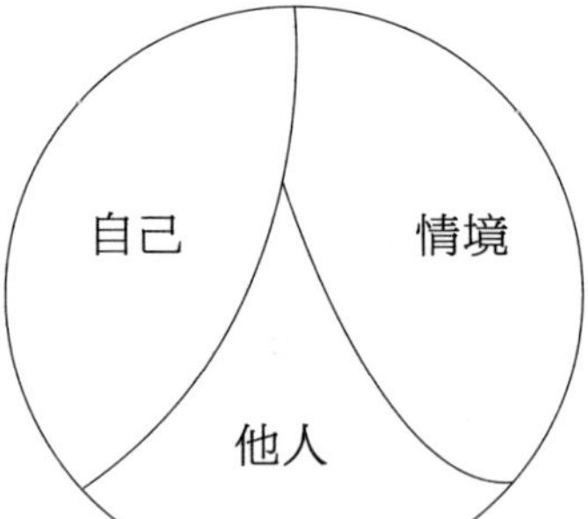

“记住这个全人图，它既是我们的目的地，也是这趟心旅行中的地图——指引我们成为一个完整而且内外和谐一致的‘人’！以前，**我们往往都误以为自己需要成为一个完美的人，**

但其实，完整，才是我们要去的方向。”

“不是完美，是完整？”

艾莉的语气里有困惑，也有一种像是听到了一个新解答似的惊讶。

“是啊。我们每个人也许性格不同、成长的背景不同、价值观和生命追寻不同，但是生而为人，在我们的内心深处都有着相同的渴望：

“自己完整地悦纳自己，与自己有一个和谐的关系。

“自己自在流动地和他人接触靠近，与他人有一个和谐的关系。

“自己能跟整个世界美好联结，与世界有一个和谐的关系。

“这个完整圆满的‘幸福三部曲’，独奏时无比美妙，但是合奏时又会层层推高而上，让整个生命曲目更加华丽动人，令人心醉神迷！这，其实是我们每个人都渴望也都值得拥有的完整幸福。”

月光温柔地洒在这片山上，也同样柔和地照耀着远处喧嚣的城市。艾莉的心，在这个月夜里，仿佛也被温柔地照亮了些。

完整比完美更重要

城市里的下午茶时光，有着一种忙里偷闲的美好。

“虽然我一直不觉得我是个要求完美的人，但是不知道为什么，上回当你说‘要完整，而不是完美’的时候，我突然有一种被打到了的感觉！”艾莉说。

“是吗？”苏青一边把蓝莓酱递过去，一边绽开了一个理解的笑容。

“我问你，**你是不是常常在心里渴望着‘有一个人，能够不管我好不好，都爱我’？**”

艾莉正在最爱的英式司康上涂抹果酱的手，突然停住了。

“是哦！这是我从小到大心底的渴望啊！小时候希望爸妈能这样爱我，长大了，就希望能找到一个这样爱我的情人！可是，这好像永远都是一个奢望……”为了掩饰心底突然涌上的哀伤，艾莉低头吃了一口司康，却一点滋味都尝不出来。

“你一直向外渴求一份‘不管我好不好，都爱我’的爱，但也一直不断失望着。于是你一方面对别人对你的不满意、期

待、要求感到生气，可是另一方面，又不停督促自己符合别人的期待，好让自己得到那份让你感到安全、感到自己存在的爱。对你来说，爱就是在甜蜜幸福之中，同时又包含着害怕、生气、伤心的一件事。你想要它，可是又觉得要得好累。”

艾莉讶异地看着苏青说：“你是女巫吗？怎么这些话全都说中了我的心？”

“不过，这是你以前的体验和模式。我说过，这趟心旅行，我们要反向倒转一下顺序，对吗？”

尽管仍带着疑惑，艾莉还是点了点头。

“我想问的是，你，这样爱过自己吗？对于一个不管好不好，就只是单纯存在着的自己，你悦纳她吗？你爱她吗？还是你总跟她说：‘你不够好！你应该更聪明一点、更温柔一点、更努力一点、更勇敢一点、更独立一点、更成熟一点、更漂亮一点……’当你向‘外面’追寻渴望这样的一份悦纳和爱时，你在‘里面’给过自己一份悦纳和爱了吗？”

惊讶的眼神逐渐淡去，随着苏青的话语，如雾般的水汽慢慢笼罩在艾莉的双眼里。

“我真的没有想过，我一直向外求的那种爱，原来，我从来都没有给过自己。”

一个过来人理解的微笑出现在苏青脸上。

“当我们把目标设定在完美，我们就会很难爱自己，也很难悦纳自己。这是一种很深的失落和伤心，也是一个很大的‘存在的空洞’。就像是被掏空的地基或流沙一样，我们很难

在上面叠造高楼，或者，即使努力建造再美的城堡，也很容易瞬间倒塌倾毁。”

“那你说的完整，会有什么不同呢？”艾莉好奇地提出了探问。

“完整，是好与不好都要，更贴近爱的真义。明亮与幽暗、骄傲与软弱、坚定与柔软……我们愿意温柔悦纳自己的美好与丑陋，愿意学会宽容自己的困惑和迷失。因为我们就是这样的一个人，我们都在慢慢成长，努力经历这趟人生之旅。所以我们要练习跟自己说：‘我接受完整的你，而不是完美的你！我要改变与自己的关系，我要拥有这份对自己的爱！’我们都值得试着这样去爱自己。”

一个明亮的微笑挂在苏青脸上，和她灰白色的头发相映成一种令人安然的淡淡光芒。艾莉看了，一个既好奇又期待的笑容，也不知不觉地出现在自己脸上。

认识并靠近真实的自己

“你说这是一个从‘自己’出发的旅行？说实话，我不太懂哦。”艾莉问。

“简单说，就是跟自己联结靠近的旅行。”

“跟自己联结靠近？可是，我们不是每天、每个时刻，都跟自己在一起吗？为什么还需要跟自己联结靠近？”

“我们的确‘看起来’每分每秒都跟自己在一起，但其实注意力往往都放在外面。”

捧起眼前的手冲咖啡，深深地吸了一口这杯日晒耶加雪夫的香气后，苏青继续说。

“我还记得，大约就是在你这个年纪，那时我在时尚杂志工作，每天接触大量新鲜有趣的人和最新的信息。除了自己负责的当红人物和最火红的趋势话题外，还有时尚编辑每天拎回的最新一季的服装、饰品、鞋包新品，以及美容编辑讨论试用的当季保养新知或彩妆新色，当然还有生活编辑分享的新开幕个性小店、餐厅美食……每天的生活都热闹缤纷得不得了！但是有一天，我心里突然出现一个声音——‘**关于外面的世界你知道那么多，但对于自己，你知道多少？**’当时的我也跟你现在一样，对于自我、未来，对于我是谁、我拥有什么、我要什么、我要去哪里，有很多困惑和不安。这个适时出现的内在探问让我非常讶异，但仔细想想，是啊，我对外面的世界那么了解，但是对于最接近的自己，为什么会这么陌生呢？”

慢慢放回手中的咖啡，看着挑准时机蹭过来撒娇的波波，苏青开心又温柔地抱着、揉着它毛茸茸的身躯。

“是这个原因，开始让我除了每天在工作中享受缤纷多彩的外在旅行外，也同时启动了另一个新鲜有趣的内在心旅行！”

“哇！我没想过你也曾经历过这些！我觉得好讶异，同时也觉得感动！原来你也是从这样的困惑不安里走过来的，原来我不孤单也并不奇怪。而且更重要的是，有一天，我也可以像你现在一样自在！”艾莉大大地吐出一口气，像是吐出了原本积在心中没说出口的疑虑和不安。

“我们每个人本来就是既相异又相似的啊！尤其在生命的底层核心，我们其实跟每个人、跟整个宇宙都是联结在一起的。”

“真的吗？以前我听过一个说法：我们每个人其实都是一座孤岛。”

“这个孤岛的观点，怎么触动你呢？”

“我觉得这说法好像是真的，**再怎么亲近的人，不管是家**

人或情人，最终也会分开……但我心里还是会觉得很伤心，很孤单。”

“也许，它说的只是一半的真相。”苏青不疾不徐地说。

“一半的真相？”

“在某个层次里，也许我们都是独立的岛屿，但如果我们的视点或体会真的够深够广，也会看到在底层核心里，我们其实都是相互联结、有共鸣的。我喜欢用大树或植物来比喻，我们每一个人，一开始都是一颗种子，慢慢地发芽生长，长成各自既相似又独特的模样。不管我们如何各自伸展着自己的姿态、享受着自己的空间和蓝天，但是在看不见的底层核心，我们共享着同一片泥土的滋养，我们的根脉也相互交错联结。我们之所以感觉不到这份联结，最根本的原因是大多数的人都跟自己疏离，我们已经感受不到自己的树干或者根脉了。”

“跟自己疏离……”艾莉沉吟思索着。

“更贴切地说，很多人已经活成自动化了。每天起床就启动自动模式，不知不觉，一天就过了，就算是醒着，其实也是睡着的。或者大多数的人，把焦点放在外面的世界，有什么好吃的美食？别人喜不喜欢我？现在流行的话题是什么？我该增加哪些证书、头衔？我该累积哪些数字？但同时，对于‘我是谁？我的内在正在发生什么？’这类的问题却陌生得不得了，与内在的自己完全疏离，甚至断了联结。”

“探索和觉察‘自己的内在究竟发生了些什么’，这件事很重要吗？”艾莉疑惑地问。

“孩子，只有这样，我们才能开始跟自己的生命本源联结，才能真正地从‘里面’感觉到自己存在。而不是像在沙滩上筑城堡。或者，就像一棵大树向下扎根，才能站得稳，才能继续丰富地生长，才能深刻地享受阳光、微风和雨水，才能跟蝴蝶、小鸟、昆虫交会玩耍，也才能经得起暴风雨吹打，即使折损了枝叶也有复原的能力。否则我们只是一棵水泥树，失去了感受力，也失去了热情和动力，或者像一朵随风飘荡的蒲公英，空虚地找不到自己存在的生命力。”

“就像这段时间以来，我仿佛陷入一个沼泽般，对自己也对他人失望，感觉无助又无力的感觉吗？”艾莉有点共鸣似的懂了些什么。

“是啊，孩子，**当我们跟自己联结，就是找回踏实饱满‘存在感’的第一步。而且跟自己联结，就是跟生命联结，在那里，我们不只跟自己相遇，也跟他人相遇，甚至跟世界相遇。这就是为什么我们这趟心旅行，要先从自己出发。**”

“但是，究竟要如何才能与自己联结呢？听起来是件好抽象的事啊！”坐直了身体，艾莉忍不住追问。

“有一些方法可以帮助我们认识及靠近自己，比如‘增加你的觉察’——听觉、视觉、嗅觉、味觉、触觉，在与每一个人、事、物的接触里，你感觉到了什么？这个感觉怎么在内在触动你？另外，也可以常问自己三个问题：我的感受如何？我有哪些想法？我要什么？”

“我的感受如何？我有哪些想法？我要什么？”

看着艾莉越来越困惑的脸，苏青大笑着说：“孩子，别急，我们今天先聊到这里，**慢慢来，留些时间，让你的大脑跟上你的心。**”

一旁的波波打了个大哈欠，窝在它最爱的专属软垫上睡着了。

别怕混乱！它将我们引向改变

苏青说，趁着初春，要把院子一角的香草花园重新翻土整理一遍，逐渐爱上山居生活的艾莉立刻上山来帮忙。

在早春和煦的阳光和微风里亲近植物与土地的新鲜滋味，让原本讨厌流汗的艾莉，尽管满身大汗却也感觉到身体好像正在健康地排毒，神清气爽又畅快！但一探头看到苏青准备的堆肥里，一条条细小的蚯蚓四处钻动，心里真的是又麻又怕。

“不习惯这个，对吗？”苏青像是十分了解艾莉的心情似的，替她直接说开了。

“不过，这些乱窜的小蚯蚓，可是松动僵硬土壤的好帮手！现在看起来好像很不舒服，却能为将来创造出一片美丽的香草花园呢！”

“不好意思，我只是不太习惯，看着它们钻来钻去的样子，真的很不舒服、很想躲开。”因为苏青的直接，艾莉好像也能表达自己真实的负面感受了。

“别担心，因为不舒服而想躲开的心情很正常啊！记得上次我们一直谈的‘改变’吗？你知道，改变常常是跟在混乱之后的。当问题在我们心中翻搅时，千头万绪、一片混乱，不就正像‘钻来钻去的蚯蚓’吗？你仿佛才看到一条蚯蚓的头，另一条就又冒出来；有时你以为找到解决方法了，结果新的状况一来，原来的线索和想法又纠结在一起了。爱情、工作、家庭、伴侣……只要牵涉一群人的互动，问题的复杂度往往就是如此。”

艾莉看着堆肥里的小蚯蚓，不禁点头说：“哇，这形容真的很贴切！最初我之所以想上山来找你，也是因为整个生活都是一片混乱，就像你说的‘钻来钻去的蚯蚓’一样，让我觉得好不舒服、好烦、好想逃！”

“但是孩子，**别怕混乱！这些钻来钻去的蚯蚓其实是松动泥土的大功臣，它们能让植物拥有一个可以充分吸收养分的新基地。混乱也是这样的，它把我们引向了改变。**”

“混乱把我们引向改变？”艾莉的语气里有困惑，但也同时有着几分讶异和欣喜。

苏青哈哈大笑地继续说：“是啊！你看这些看似找不到方向的小蚯蚓，它们可是充满了战斗力和生命力呢！在看似忙动之中，其实是很努力地为生存而挣扎着！你的混乱也是这样的啊！来，我们来帮这些小客人布置一个新家吧！”

除去了在冬天里凋萎的香草，松开了僵硬的泥土，再把包含小蚯蚓的堆肥埋进土壤。忙了一个上午，这个小小的香草花园有了充满生命力的新面貌。

洗去泥污，擦干汗水，两人一起坐在廊前吃着简单却美味的三明治、喝着手冲的单品咖啡。艾莉一边享受着这简单的幸福，一边继续回味着刚刚让她内心为之震动的这句话："别怕混乱！它将我们引向改变！"

突然之间，艾莉好像跟"混乱"有了一个新的关系，她不再因为混乱而感到那么严重的焦虑。

"我刚刚突然想到，就像眼前这片香草花园一样，也许，我的混乱，也正是在帮我松开原本僵硬的什么吧？然后我就可以栽种下新的花苗了？"艾莉忍不住跟苏青分享她的内心触动。

"是啊，这是你的心体会到了，然后在你的大脑自动浮现出的答案，对吗？恭喜你拥有了一个改变的新观点！而且这不是只停留在头脑的输入指令，而是被你全身心吸收的真正改变。让我们看看，接下来它会如何影响你，为你创造更多的改变！"

"你的意思是，不是只停留在头脑的输入指令，而是通过体会、被全身心吸收的才是真正的改变？而且这样的改变，往往还会创造更多的改变？"

"没错啊！不过别急，记得，**慢慢来，有时反而比较快！**"

两个女人，一起在初春和煦的阳光下，笑了开来。

想到了，不代表你做到了

“我可以说实话吗？”在午休空当和苏青一起坐在公园里享受暖暖的春阳，艾莉忍不住这么问。

“当然可以，彼此都能够自在地表达自己，不正是我们要的幸福关系吗？”

听苏青这么说，艾莉不自觉地轻轻吐出一口气，因为苏青自然散发出的信任和涵容的态度，让她由内而外整个人都放松了下来。她喜欢这样可以自在的自己，喜欢这样可以自在的关系。

“上次你跟我说‘慢慢来，比较快’，某种程度上我懂，但是我心里很急，很想直接要答案。这么慢吞吞的，真的让我很焦虑。”

“哈哈哈！谢谢你的诚实，这能帮助我更了解你，也更靠近你现在的状态。”

“咦，你不会觉得不高兴或不舒服吗？”

“为什么要觉得不高兴或不舒服？我听到的是，你很真诚地告诉我你的感受和期待，那是基于你过去的习惯和认知，而这跟我是不是一个好人、是不是一个好老师，或者我的观点对不对，一点关系都没有啊！你存在，我也存在。这两者既不冲突，也不相互违背。”

“呼，听你这么说，我轻松多了，好像我们真的可以讨论彼此的差异，这种感觉真的很好。”

“是啊，**当我们的自我价值是安稳的，我们就可以自在。换句话说，当我们能够厘清，他人的感受与期待是属于他人的，与我们的自我价值无关；我们的感受与期待同样属于自己，我们可以表达，同时愿意负责，而不是要别人替自己承担。这样，我们就可以在所有关系中都真实地做自己。**我听到，刚刚你说，你很想急着要一个答案，或者更清楚地说，你急着想得到一个‘大脑的答案’。最好是清楚简单的一句话，或者一个ＡＢＣ步骤的执行流程，就像是输入电脑的指令一样，只要把它输进大脑，你就可以做出完全不同的行为，变成完全不同的模样，这是我们对于‘改变’最大的期待。”

“是哦，如果有这个答案或方式就太好了！我可以瞬间彻底变身，从以往的旧模式中蜕变出来。这难道不对吗？”

“这个期待的逻辑本身是没错的，但问题在于出发的位置就已经错了。因为，我们是人，不是电脑。我们总是相信‘头过，身就过’，总是习惯性地从大脑找答案，觉得这样最安全，最有保障。但真的是这样吗？有多少时候，我们的脑袋很清楚要做Ａ，但言行上却是做Ｂ；或者，头脑里很清楚，不要这么想、不要继续想，但却完全停止不了地一直持续在心里反复挂念。”

“嗯，是哦！我就老是头脑很清楚地知道自己应该要运动，身体却一直赖在沙发上。”艾莉像是被抓到了一样，心虚地做了个鬼脸。

“还有，前两天我刚陪伴一个死党。她最近很惨，跟男朋友分手两三个月了，半个月前，在脸书上发现他跟另一个女生走得很近。她每天都跟我哭，怀疑男友其实是变心，才骗她是两个人个性差太多要分手。我们一群好姐妹都跟她说：‘这男的太烂了啦！你要放下，不要再看他的脸书让自己痛苦，好好开始自己的新生活！’她也认同，可是这几天又说，理智上她都知道，但就是忍不住去脸书上找线索，然后自己痛苦得不得了。”

“是啊，这些是不是都在证明‘头过，身不一定会过’？这意味着，当我们在观点上有所改变时，并不一定会促成整体的改变。过去求学时期的学习，绝大多数都为了应付考试，所以**‘大脑’曾经是我们最好的学习频道。可是现在进入了人生学堂，‘体验’才是真正最主要、最好的方式和频道！因为大脑里的智慧往往是属于别人的。在人生的课堂里，体验，才能淬炼并收获属于你的智慧，也才能由内而外地将它展现出来。**我们是人，不是电脑。关于我们整个‘人’有更多、更细腻，也更神奇奥秘的部分在运作着。那里是我们完整的力量泉源，需要我们去探触，更值得我们去开发。”

“头过，身不过？不是只有大脑频道，更重要的是体验频道？”

“是啊！记得吗？这是一次倒转反向的心旅行。把你的收音频道调整转换好，我们要继续上路了。”

遇见“新”的自己

春天来了，万物开始苏醒。到了山上，艾莉才清楚地感觉到春天的存在！一切都用一种安静同时又洋溢生命力的方式生长着。置身于这样鲜活欣喜的环境里，她竟也宛若新生！

“宛若新生？那是什么样的状态？”听着艾莉的分享，苏青好奇地问。

“就是……好像有了一个全新的开始，虽然还是一样的我，但好像有了新的展开、新的不同！”

停顿了一下，艾莉注意到苏青脸上的微笑。

“咦，怎么了？每次你这么笑的时候，一定是心里又有什么精彩的要分享了！快说，快说！我想听！”

“呵呵，我是真的为你感到开心而笑啦！不过，看来你也越来越了解我了。你的话，的确让我想到我很喜欢的一位心理学大师提出的概念。”

“是吗？那是什么？”

“是关于‘第三次诞生’！”

“第三次诞生？为什么？我们不是诞生一次吗？为什么会有第二次，甚至第三次诞生啊？”

“第一次诞生，指的是爸爸的精子与妈妈的卵子相遇结合，并在妈妈的子宫着床的时刻。我们每个人都拥有的这个第一次诞生，是一种生命的祝福。”

艾莉的脑中浮现出那小小一粒“种子”的画面。

“你仔细想想，这个第一次诞生还蛮神秘的。我们既是父母的小孩，也是宇宙的小孩。生命的奥秘之一，就是我们既拥有与父母最紧密的传承，但同时我们也是宇宙中独一无二的存在。因此第一次诞生同时给予我们‘亲密’和‘独立’的双重生命要素。我们既接受传承，却又独特；既渴望联结，同时也追求独立。更重要的是，这次的诞生蕴藏了一个重要的礼物，等待我们用这一生去打开它、看见它。”

“真的吗？那个重要的礼物是什么？”艾莉双眼发亮、迫不及待地追问。

“你要如何开展你的生命，如何实现你存在的意义——这个世界会因为你而有所不同！”微微一笑，苏青的眼中闪烁着神秘的光芒。

“那第二次诞生呢？是我们从妈妈肚子里被生出来的时候吗？”

“是的。当妈妈怀胎十月之后，我们呱呱坠地的一刻，既是身心感官的诞生，也是我们从原生家庭中成长学习的开始。

我们在父母和家庭中，学习了应对世界的互动方式，并且形塑成长大后的应对模式。如果我们带着感恩和欣赏的眼光，将能够更细腻地去体验这一切的发生。比如小的时候，我们对于父母这两个高大而重要的存在有哪些感受？曾有哪些印象深刻的互动？当时的感受与应对如何影响着现在的我们？对于这个一步一个脚印，慢慢长大的自己，我们是不是可以给予更多的欣赏、感恩与接纳？”

“你的意思是，原生家庭深刻地影响着我们？”

“是，也不是。”

“咦？这是什么意思？”

“家庭的确深刻地影响我们，但我们并没有被家庭所决定！也就是说，我们的确深受原生家庭影响，但并不是如同宿命论者所说的被决定或被支配。我们始终拥有改变的能力，每一个人都能创造出自己的第三次诞生！”

一向开朗慈爱的苏青，不知为何在说这几句话时声调特别缓慢而深沉，那里面仿佛饱含着力量和爱。

艾莉感受到了这股能量，心中突然有股莫名的感动缓缓升起。

第三次诞生

“你说的第三次诞生是什么时候发生的呢？又是怎么发生的？我们每个人都有吗？”

“和前两次不同的是，尽管我们每个人都拥有第三次诞生的机会，但它只属于主动去探求追寻它，并且选择为自己创造的人！”

“为自己创造第三次诞生？我不懂，要怎样才能为自己诞生？”

“别急，让我慢慢说给你听。”

“我先问你，当我们第一次诞生时，在妈妈肚子里的我们，有没有可能靠自己存活？”

“我们还只是个发育中的小小胚胎，不可能靠自己活啊！”

“是呀，那时候就像一颗小小种子的我们，只能依靠他人而存活。生理上，依赖妈妈的脐带输送养分；心理上，感觉到妈妈的心情、听到外面也许是爸爸或家人亲友说话的声音，感觉到外面世界的气氛，然后慢慢长大。十个月后，当我们第二次诞生之后，我们有办法靠自己存活吗？”

“嗯……这时我们也还小，还是不可能啊！”

“所以啰，这时候，大部分的我们是在原生家庭里长大。生理上，我们得到食衣住行需求的满足；心理上，我们在家人的互动与气氛里，找到自己生存的内在力量与应对方式。”

“嗯，而且那个应对方式，也在长大后成为我们和他人互动时不自觉的‘应对模式’，之前我曾在心理探索、自我成长的书上看到这个说法。但是坦白说，那让我感觉有点挫败，因为这意思是，我们的过往会形塑现在的自己吗？有一种被笼罩注定的感觉，我不喜欢！”嘟着嘴，艾莉诚实地说。

“我们会受到过往的影响，但我们也同样具有改变与创造的能力！这样说好了，我问你，如果是现在长大的你，有能力靠自己生存吗？”

“现在的我，可以呀！”

“是呀，当我们长大，可以独立生存之后，就可以为自己选择并创造第三次诞生！我们通过向内温柔地靠近自己、觉察自己、悦纳自己；向外愿意看见自己既有的模式，然后决定做出新的选择、新的练习，负责地为自己创造出新的应对模式！我们可以说，当你决定活在当下，不断觉察、体验，开始拥有这样的状态就是第三次诞生的开始。我不知道你在第三次诞生后会变成什么模样，但是自从我开启了属于我的第三次诞生之后，一直到现在为止，也还在不断地享受在觉察中成长和改变的经验。”

“哇！这么多年了你还在继续‘经验’吗？这样不会很折磨人吗？”艾莉惊讶地问。

苏青微笑着。

“我经验到的正好相反。正因为每天都有新的学习和成长，通过好奇不断觉察，觉得世界充满可能性，应对的选择也越来越充满弹性，反而内心充满了喜悦。”

苏青带着满足的笑容继续说……

“第一次诞生代表独特与生命力；第二次诞生开始继承与学习得到的特质，构成了我们的基础；第三次诞生更像是对自己的承诺，看见自己拥有的生命力与特质资源，为自己选择并真正地活出自我。”

“如果那些过去都已经发生，成长得到的改变也都自然而然地跟随着我，为什么还要再用‘诞生’来形容这样已经自然发生的事？”艾莉还是疑惑着。

“打个比方，你是王位继承人，但你得宣誓就职，愿意为你的王国负责，尽心尽力，才能真正为王，成为国度的主人。在这个比喻里的国度就是你的身体、你的心，宣誓为王就是愿意为自己负责。我们拥有许多，但你是如何看见你所拥有的？又如何运用这些力量？”

苏青沉思着说：“许多人宣称拥有自己，却放弃创造生命的权利。”

“在自己的世界里宣誓就职，这个说法好有趣呀！而且，好像也拥有了一种力量感。”艾莉觉得新奇，但也感受到了一种随着为自己负责而来的充实感与责任感。

“是呀，当我们懂得问自己：‘我要如何开展我的生命？实现我存在的意义？’那就是一种美好的力量！最终，它将解答或揭开在第一次诞生时，我们被给予的那个无比独特且珍贵的礼物。”

苏青微笑地看着艾莉。

“现在，女王，你想带领你的王国到哪儿去呢？”

第三章 认识

改变，

是一件关于自己内在的事。

不再直接掉入旧模式的“立即反应”，

而是创造改变后，

新模式的“回应”。

认识表象背后的真相

“什么？你说，改变是一件关于我们自己内在的事。怎么可能！”带着一脸不可思议的神情，艾莉困惑地说。

“你觉得不是吗？”

“当然不是啊！像我和文杰交往五年了，从之前的甜蜜，到现在常常变得没话讲，真的很沮丧。我每次都很想要改变，可是光我变，他不配合有什么用？还有我上司，虽然她真的蛮有能力，但是一急起来，那种说话做事的方式真的很让人抓狂！还有，她老是偏爱那些说好听话的人。这些她如果不改，不光是我，任何当她下属的人都会很痛苦吧？又或者，像我妈，老是为了我三十岁还没结婚而着急担心，老是觉得女生不嫁人就很孤独命苦，我怎么跟她说‘时代不一样了’都没用，如果她的观念不改，我们永远都不能聊这个话题啊！”

苏青听着，依然是一派自在怡然的表情看着艾莉。

“我可以感觉到你现在很困惑，甚至也有一种挫败、生气，甚至无助的心情。过去的经验让你相信‘改变必须从外面开始’，或者至少要使他人也和你一起努力，才可能发生。可是，记得吗，一开始我说过，这是一趟反向的心旅行。所以，一个新的信念是：‘改变是有可能的，即使外在的世界没变，我们仍然可能有内在的改变。’”

“真的吗？如果我先相信这个，但是，究竟要怎么做才能拥有这样的改变呢？”

“记得那个幸福圆满的全人图吗？我们要先把这个全人图放在心里。以后当我们遇到事情的时候，先别急着立刻做出反应，而是先扫描一下这张全人图，由它来指引我们走新的路。”

“就像把它当成谷歌地图一样？”

“哈哈哈！我喜欢你这个精准的妙喻！没错，就像是我们这趟心旅行的谷歌地图一样！”

“为什么需要这个呢？先做这件事又会有什么不同呢？”

“通常，我们一遇到事情，立刻会做的是直接‘反应’，那往往是掉入旧模式里；但是，如果我们在应对之前，先增加了扫描圆满全人图的这个程序，就可以帮助我们更完整地观察、评估和反应，无论是入门基础的阶段，还是完整进化的高阶阶段，都能帮助我们创造一个改变后新模式的‘回应’！”

“是创造改变后新模式的‘回应’，而不是直接掉入旧模式的‘立即反应’？”

“是啊。”

“我们真的都有一个旧模式的立即反应吗？我从来没有想过这件事。”

“你可以仔细回想，当你和别人有冲突时，通常都怎么应对？”

“冲突？哎呀，我超不喜欢这种状况的，我总觉得人好好相处不就好了吗？冲突总是让我觉得很不舒服、压力很大。”

“所以通常你会说什么？做什么？”

“我会……就是想办法息事宁人啊！像上星期我跟文杰有点小冲突，后来我觉得两个人不说话压力好大！我就跟他说：‘你不要生气啦，其实我不是这个意思，你看我帮你买了你最喜欢的芥末花生哦，不要生气了好不好？’有时候连别人的事也会这样喔，我会习惯当和事佬，做些让他们开心或是让气氛和缓的事，好让冲突赶快化解。”

“是吗？那文杰呢？他面对冲突的反应通常是什么？”

“他？他一整个就是那种八风吹不动的机器人！他不像我有那么多的感觉与情绪，面对问题或意见不同时，他就开始分析、讲道理。每次当我说不过他，我就忍不住大发火！因为真的很生气啊！”

“哈哈哈！你描述得很诚实也很生动。那你生气之后，文杰的反应会怎么样？还是继续很平静地讲道理吗？”

“有时他就不理我，让我自己冷静一下。”艾莉的神情显得哀怨了起来。

“但也有些时候，他会放低身段来逗逗我。他知道我最爱吃甜点，每次只要用这招，我就一定气不久啦！”语气里多了几丝甜味，快乐幸福的小天使也仿佛开始在艾莉身旁飞着。

“嗯，所以这就是你说的‘立即反应’旧模式吗？”艾莉突然恍然大悟地说。

“这些是你们外显的言行模式——遇到冲突或压力，你会先‘讨好’，然后开始生气地‘指责’；至于文杰呢，看起来他通常习惯‘超理智’，但有时也会‘讨好’。我说过，我们这次是一趟倒转反向的心旅行，所以现在我们要想办法把这些内在的图像呈现出来，帮助你可以更清楚地看见。嗯……让我想想看，怎么做才好……”

思考了一下，苏青移步到书柜的角落，大黄狗波波也立刻热情地跟了过去，它对着苏青拿起的一捆长形海报卷汪汪地吠叫着。

“来，帮帮我。”

艾莉赶紧过去，从中抽出了一张超大海报，然后依着苏青的指示铺在木地板上。

“好啦！”苏青又递给艾莉三支不同颜色的马克笔，“现在，我们的内在小旅行要出发喽……”

别人比我更重要——“讨好”是对自己的酷刑

“现在我要做些什么呢？”

“还记得那天我用树枝画下的‘全人图’吗？你可以把它大大地画在这张大海报纸上。”

艾莉想起那个美丽月夜里的画面。她开始画出一个大圆，接着又在圆里满满地写下一个“人”字。想了想，分别在由“人”字划分出的三个均等区域里，写下“自己”“他人”“情境”。

“好啦！”艾莉直起腰，看着苏青，“接下来呢？”

“嗯，很棒的作品啊！”

艾莉开心地做了一个鬼脸，接过了苏青这个幽默的小小赞美。

“现在我们来看一下，当有冲突发生的时候，你习惯说一些讨好的话或是做一些讨好的事，好让整个冲突的气氛和缓下来，对吗？”

“是呀。”

“看看地上的这张图，你觉得，当你那么做时，这三个区块里，哪些是存在的？哪些又是消失的？”

艾莉看着全人图里的三个区块，“当我用讨好的方式让冲突缓和一些的时候……我肯定是意识到‘他人’的！”

艾莉先在海报纸上的“他人”区块稳稳地站着。

“咦，这个‘情境’到底指的是什么啊？”

“简单说，就是当下的场合，或者是你们的关系。”

“嗯……有！通常我会意识到当时是在什么样的场合。比如说有时候我真的气得要炸掉了，但当意识到是在客户面前，我就会低声道歉。或者我也会因为是文杰，因为珍惜跟他五年的感情，才愿意更体贴他、配合他。”

把脚步移往“情境”的区块里，艾莉依然安稳地站着。

“那‘自己’呢？**当你习惯性用讨好方式来应对冲突或压力时，你自己存在吗？你有什么感受？有哪些想法？你想要什么？这些也都被表达或呈现出来吗？**”

艾莉站着，低头不语。过了一会儿，声音有点哽咽。

“没有……当我讨好时，我自己不见了，我不会说出我的感受或想法，也不会提出我想要什么……我想，我只是一心一意急着想赶快安抚他人，或者赶快让状况平息、让关系恢复和谐。”

苏青走近她，牵着她的手，移往写着“自己”的区块。

“所以当你用讨好的沟通姿态面对冲突的时候，在‘自己’这个区块里，你是蹲得低低的？就像是不存在一样？”

“嗯。”点点头，艾莉眼泪滑了下来。

“试试看这个姿势，体会一下，像不像你的内在感觉？”

艾莉跟着苏青的示范……单脚跪着，右手手心朝上，整只手往上向前伸长，左手则放在心口上。

“通常习惯以‘讨好’姿态来应对冲突或压力的人，往往拥有一种非凡的能力，就是能够很敏锐地觉察别人的需要。想象一下现在你面前站着一个人，是一个需要你去照顾他、承接他需要的人，第一直觉，你会想到谁？”

艾莉心中浮现了一个画面：“我妈妈……”

“小时候，当妈妈生气时，你都是用讨好的方式来化解她的愤怒或伤心？”

“嗯……好像是……”

“如果一直保持着这个姿势，你感受到什么？”

“我觉得好累，蹲跪着的脚好酸，右手要一直伸长举着也好累！其实我整个人都不稳了，摇摇晃晃的，要好努力才不会跌倒。”

“是啊，这是你身体很真实的感觉。你知道吗？身体，其实储存了许多我们情感或感受里的记忆。让我们慢下来，跟你的身体在一起待一下……现在你的内心有什么样的感受？有什么感觉或记忆浮现吗？”

“心里的感受？浮上来的感觉或记忆？嗯，我只感觉到所有力气和注意的焦点都在对面那个人身上，我很想支持他、照顾他，但我不知道究竟什么时候才是尽头。”艾莉的声音变得更小了。

“如果现在把注意力放回自己身上，你又感觉到什么呢？”

“把注意力放回自己身上？”艾莉迟疑着，像是对这件事感到陌生……

“我……我会觉得自己蹲这么低，甚至还半跪着，好像很渺小、很委屈、很可怜。也觉得好累、好累，精疲力竭。”

“对于这么累，却仍坚持这样讨好姿势的你来说，放在心口上的左手给你什么感觉？”

随着苏青的提问，艾莉把更多注意力放在自己的左手感觉着……

“好像，这只手是一种安抚和照顾，我好像在跟自己说：‘再撑一下，不要紧的，很快就好了。’可是另一方面，好像也在压抑自己，不让内在的感觉或需求跑出来。”

随着接触到这些感受与内在的声音，一些长久压抑的委屈与隐忍，好像才有了机会慢慢地流出来。艾莉感到悲伤，但也奇妙地感到一种放松。像是禁锢了很久的栅栏被轻轻推开了一道缝，艾莉吐出好大一口气。

“我不喜欢这个委屈又可怜的自己。”

“你觉得很累也觉得委屈，但一直保持这样的姿势。”苏青心疼却也理解地说着。

“这时候，你能感受到在你心底究竟期待些什么吗？”

艾莉进一步深思，看着、感受着自己的讨好姿态。

视线沿着自己高举伸直的右手往前看，发现自己是那么渴望小小的手能够触及面前站着的那个高高的人。

“我一直这么努力地撑着、忍着，是希望对方能够看到我，然后扶起我，给我一个拥抱。我一直在等他们可以跟我说：‘辛苦了，没关系，我可以多做一点，没关系，你是值得得到的！谢谢你，我爱你……’我等这些话等了好久，好像用尽了生命等待着，但为什么会这么难？为什么从来都没人看到我的需要？”

“所以你一边持续尽全力演得这么好，一边又疑惑怎么都没人发现？你一直用这种方式付出，渴望借此得到爱？”

艾莉听了，眼眶瞬间红了起来。

“你知道吗？我们可以互换位置体会一下。”

苏青请艾莉站起来，自己面对艾莉，半跪下同样做了个讨好姿势。

“现在看到我这样，觉得如何？”苏青仰头问着。

“嗯……其实，看到你的位置这么低，我压力很大，我并不需要你这么低姿态地以我为主、照顾我。而且你这么委屈牺牲，看起来好像我很坏，或者，好像我也要用同样的方式才能回报你……”

苏青站起身，和艾莉面对面站着。

“现在看着站起来的我，感觉如何？”

“轻松多了，还是这样平等一点比较好。”

“孩子，所以你体会到了。你以及那些习惯呈现‘讨好’姿态的人，你们对于爱的观点、对于和谐美好互动相处的观点，可能都是出自‘爱的可贵，就在于体谅、牺牲、付出’。

这个方式可能是在幼年时化解冲突和压力的有效方法，而体贴和柔软也是你们锻炼出来的能力。但‘讨好’姿态带来的破坏性后果之一，是会不停地跟自己说：‘我不重要，别人比我重要。’这不但会伤害自己，同时也伤害关系。”

“伤害自己，也伤害关系……”艾莉讶异着，同时也被深深触动着。

“‘讨好’姿态的人，渴望的就是被认可。属于你们的通关密码，就是接触你的期待，跟你谈论你的渴望与孤独。”

“如果别人给我这些，我的确会觉得被靠近，很暖、很开心、很有力量。”

“是啊！像你这样‘讨好’姿态的人，对于‘与人联结靠近’的渴求非常大，因为在你们眼中，总是看见别人，忘了自己。于是，只有当别人看见你了，你们也才真正地存在。”

听着苏青的话，艾莉好像第一次这么客观又清楚地看见自己，也看见了自己一直以来的“旧模式”。心底有一种酸楚，但似乎又无法辩驳。

大脑的铁甲武士——“超理智”背后的脆弱

“上次你带我做的体验，真的好奇妙！我从来没有那么具体地‘看见’和‘感受’到我的内在图像！好像原本模糊的景象突然清晰了起来，有一种‘原来如此’恍然大悟的感觉！不过，这两天我在想，如果我的‘讨好’是这样的‘内在图像’，那像文杰每次都是冷静地分析、讲道理，背后又有一个怎样的内在图像呢？”这天，才一进门，艾莉就忙不迭地开口问着。

“你对他感到好奇？”

“嗯，是啊，而且我也很想懂他！”

“我听到的是，你懂了自己之后，也想懂他，想看见并且靠近内在真实的那个他，而不是表面上看起来的那个他。未来，你们就能够以更真实的自我与对方相遇，是这样吗？”苏青带着理解进一步探问着。

“嗯，而且我想，也许有一天，我们就可以创造改变！我真的不想要再像你说的一直‘掉进重复的惯性反应’里，我想要‘有觉察地回应’。”

“就像你明明一直梦想飞到希腊，但每次怎么飞都是飞到纽约。可是，现在你再也不想要这样了？”带着调皮的笑容，苏青说。

“对哦！就是这种感觉！真是超级无言。”用力拍了一下大腿，艾莉也忍不住为苏青精准的比喻笑了出来。

“好啦，那……你应该知道我们该从哪里开始啦！”

“我知道！我知道！”话还没说完，艾莉已经冲到书柜旁，抽出上回做的大海报纸，把它铺平在客厅中间的地板上。波波也跟在一旁兴奋地吠叫着。

一脚立刻先跨进全人图里“他人”的区块里，艾莉想了一下。

“每次文杰说大道理时，我都觉得我好像不存在一样！就像前两天，明明我很兴奋地跟他说：‘你看北海道的紫色薰衣草美不美？我们一起去好不好？’结果他说：‘现在机票太贵了，要去就要提早好好计划！’又说他读过一篇关于食品安全的报道，核灾后的海产蔬菜都被污染了……分析东、分析西的，一点都没有抓到我话里的重点——‘我想要跟他有一趟浪漫的旅行！’真的很让人无语！”

笑看着艾莉一脸受挫无奈的脸，苏青说：“对于特别重感觉的你来说，真的会很失望。而且，记得上次你的‘讨好’姿态里，一边蹲得低低的，一边拼命伸长着手，你想要的就是被看见、被理解、被爱，可是文杰的回应让你感觉内在的渴望被忽略了，所以感到很失落。”

“真的是这样！除了对他感到失望，好像在我心底更深的感觉是失落……”

“现在，你更靠近自己一点了。不过，你觉得当文杰以分析的方式来沟通时，他表达过自己吗？”

“表达自己？”

“通常‘表达自己’可能的方向包括：我的感受如何？我的想法如何？我想要的是什么？”

“没有！文杰说大道理的时候，我从来都不知道他的感受是什么，想法是什么，或者他要什么。我只听到他分析怎样才好，怎样才对，还有，怎样是笨。”艾莉伸了伸舌头做了个鬼脸。

“有时候我也会想，他分析了这么多道理，是不是因为他不想跟我去旅行？是不是因为他没有那么爱我了？”

艾莉突然想起前几天，和文杰沟通到最后，是她生闷气先结束了对话。

甩甩头，她决定把这个情绪丢在一旁，先多了解文杰一些。她往前一步，一脚跨进海报纸上的“情境”区块里。

“这块他有关注到，他会说得很明白，比如说场合、时间点，或什么‘他是我老板，我当然不能拒绝他啊’这类的话。”

像是用微笑表达着自己的欣赏，苏青说：“你的学习力和反应真的很快！是啊！你观察得没错，**用‘超理智’沟通姿态的人，就像个机器人，只专注在处理‘事’或顾及‘情境’**

上，而不是在回应‘人’。尤其在面对冲突和压力时，他们更会像电脑一样，停留在想法层面不断地分析，专注于把事情整理清楚，希望赶快解决问题。对他们来说，与人相关的感受、情绪，这些感性的部分既麻烦也毫无用处，所以一点都不想碰触——无论是他人的还是自己的！所以周遭的人很容易感觉到隔阂，就像你说的，觉得他们一点感情都没有、很难靠近。不过，他们就像是一个大脑发达的铁甲武士，理性与大脑，是他们不断被锻炼的力量，也是他们保护自己的方式。”

“保护自己的方式？”艾莉一脸惊讶！

“怎么可能？他们看起来好冷静，哪里需要保护啊？”

“孩子，要不要试着体会一下属于超理智的身体姿势？”

艾莉迅速地点点头：“要，我真的想知道文杰的内在图像到底是什么。”

依循苏青的引导，艾莉双脚稳定站立，双手交叉，手掌分别按在双肩上，手肘上抬与肩膀同高，下巴也微微抬高。

“现在感觉怎样？”苏青探问着。

“觉得很稳，很安全，尤其交叉抬高护在身体前的手，有点像护卫的城墙，安全地保护着我。”

“是啊，这就是文杰每次在面对冲突或高压时稳住自己的方式和感受，你体会到了。不过，别急，让我们再站久一点，看看会有什么新体会。”

艾莉听从苏青的话，继续这样站着，虽然觉得样子有点搞笑，但的确透过身体有更多的感受浮现。

“嗯，我现在觉得没有那么舒服了。”

“是吗？说说看你的感觉。”

“双手一直这样举着，其实很酸。而且，下巴还要抬高，我觉得脖子好酸、头好重，呼吸好像也只能吸到脖子这里，没办法再往下了。站久了，好像只有脖子以上的部分存在，头有点晕，脖子以下好像完全没感觉了。”

“你的体会很真实啊！对‘超理智’姿态的人来说，他们高举盘着的双手，一方面隔离他人，另一方面也保护着自己，除了头脑之外，所有的感受都是被切断的。再加上高盘着的双手和微抬的下巴，也让他们的视线无法和对面的人接触。”

艾莉一边继续保持姿势，一边体会这种感受。没隔多久，她就转身瘫坐在一旁的沙发上。

“哇！不行了，不行了！我的手真的太酸，头也太晕了！没办法再站下去。”

苏青看着她率真的反应，不由得笑了出来。

“其实像文杰这样的人，之所以需要让‘事’挡在‘情’的前面，关闭自己和他人的感受和沟通，只停留在大脑理智层面，是有内在原因的。或许你很难相信，他们往往是因为在小时候体会到接触自己或他人的感受时，会心痛、无力、不知所措、无法承担，所以他们让自己穿上严密刚硬的盔甲，如同铁甲武士一般，隔开那些对他们来说既恐怖又毫无招架之力的‘感受’和‘情绪’，转而用一种刚强稳定的形象来保护自己，这是他们应变出来的生存方式。”

“你的意思是，在他看来冰冷没有情绪的外表下，心底被深深压着的是害怕？所以即使手那么酸，还是要一直维持如城墙一般的姿势来保护自己？”

“是啊，不管是你的‘讨好’方式、文杰的‘超理智’，或者其他的沟通应对姿态，之所以会出现，都是我们需要保护底层缺乏安全感的自己。”

“天啊！以前我一直以为文杰看起来很稳、很冷静，是因为对我没有感情，是因为不爱我！现在我才知道，原来他也很累，原来他也不舒服。而且，你刚刚说他内在是害怕的，我才看见了他的脆弱……”瘫坐在沙发上，艾莉充满惊讶。

“多了这些新的认识，你觉得以后和文杰相处会有什么不同吗？”

“嗯，我觉得好像跟他更靠近了，好像可以不被他的防御盔甲给唬住，而是更多地‘看见’。我知道对于情绪他是害怕的，也知道他渴望和谐稳定，而不是觉得我不好或不爱我了。”

“看来你开始掌握了属于他的开门密码。”

“开门密码！像‘芝麻开门’那样的密码吗？那是什么啊？我掌握到了吗？”

“是啊，跟他谈他的‘渴望’和‘梦想’时，他往往会是放松的。其实像文杰这类‘超理智’沟通姿态的人，往往被锻炼出绝佳的智力，但只用在保护自己上，实在太可惜了！如果他们懂得更加创造性地运用，就可以创造出更高瞻远瞩也更丰富的人我关系。记住，‘全然地理解和倾听’往往可以软化他们的保护盔甲，到时他们将能从一个令人厌倦的机器人，华丽变身成为真实又充满魅力的人！”

眨了眨眼，苏青给了艾莉一个会心的微笑。

想要抱抱的刺猬——“指责”背后的孤单

“我不懂，为什么有些人就是那么不讲理，脾气坏又爱骂人！真的很讨厌！”这天一见到苏青，艾莉就忍不住把这周在办公室惨被老板‘狂电’的事说了一遍。

“待在他们身边真的是太痛苦了！你曾经说过‘即使外界不改变，我们自己仍可以改变’。但我觉得一点都不实际啊，甚至还太阿 Q 了一点吧！要是在公司或家里有一个爱生气又爱骂人的人在身边，我们怎么可能心平气和、心情愉悦？”

“被生气的刺猬刺到，真的是很痛也很气喔？”

“对啊！我超讨厌这种人了！没错，他们浑身都是刺！每次只要事情不照着他们的方式走，就像大爆炸一样，莫名其妙地乱炸乱骂一通，真的很伤人！”

苏青微笑着。

“当遇到压力或冲突时，习惯采用‘指责’模式的人，通常是一个很有标准和原则的人。当他们指责时，让别人看见和感受到的往往都是充满力量的强力攻击。但是你知道吗？**在他**

们看起来像全身尖刺怒张的刺猬外表下，其实很可能藏着一个深深受伤的自己，而且心底往往也藏着一个很深的期待，同时很渴望能够与人联结。”

“他们受伤？怎么可能？他们渴望与人联结？这更不可能！他们不是拼命用尖刺在跟大家说‘给我滚远一点’吗？”

“哈哈，看来你真的是很熟悉他们的杀伤力啊！以‘指责’为沟通模式的人，所创造的破坏性后果之一，的确就是毁了与他人的联结与关系。但是尽管这么生气，你想不想了解一下他们的内心？或者，我记得你之前说过，每次和文杰冲突时，你最习惯的沟通模式是讨好，但如果他还是没有好的回应，你就会发火。你也想了解一下这时候你自己的‘指责’是怎样的一幅内在图像吗？”

“啊！被抓到了！对呀，我有时也是会爆发，没错啦！”艾莉不好意思地做了个鬼脸。

“来吧，让我们一样运用身体来真实地体会一下吧！”

这次站在展开的全人图旁，艾莉再度试着由自己揣摩……

“嗯……当我发火大骂文杰时，我有意识到自己，而且是很大的自己！”艾莉一边说，一边在写着“自己”的区块上站得又挺又稳。

“至于‘他人’和‘情境’……”艾莉沉吟思索着，“我必须承认，我整个人已经气到爆了！完全顾不到这两块啊！”

“哈哈！是这样没错啊！以**‘指责’为惯性沟通姿态的人，往往被自己当下强烈的情绪笼罩，完全没有能力顾及他人、当**

下场合或与他人之间的关系。来吧，学我做出这个身体姿势，让我们再多体会一点‘指责’沟通姿态的内在图像！”

听到苏青这么说，艾莉立刻从沙发上站了起来，跟着苏青的引导，将身体站立，左手叉腰，右手伸直，手掌握拳后伸出食指用力向前指出，一个仿佛猛夫或泼妇的“人体茶壶”姿态。

“现在身体的感觉怎样？”苏青问。

“哇！我感觉到自己很有力量啊！尤其是往前指的手指，就像……机关枪般火力十足哦！好像整个身体都装满了火药，可以源源不绝地供应子弹！”

“所以看来这是一只配备机关枪、可以随时扫射开火的刺猬啊！你体会得没错，力量正是指责姿态最大的能量资源，也是他们在面对冲突高压导致内在自我感到摇晃、不安全的时候，努力稳住自己的方式。”

“你是说，看起来火药味十足、力量强大的他们，其实内心也是不安的？”艾莉面露困惑与惊讶的表情。

“当然啰，就像我之前说的，不管表象看起来怎样，每一种沟通姿态之下，都是一个内在摇晃不安的自我。现在，你还可以体会到这个姿态的其他感受吗？”

“我一开始觉得很有力量，指责的手指就像是机关枪，可以嗒嗒嗒嗒嗒地一直开枪！可是坦白说，久了，也真的很累，手要一直用力指着其实很酸，即使叉腰的左手帮忙挺住支撑身体，也是越来越累。”

“这个累了的你，如果把注意焦点移往面前，看看你对面的那个人或那些人。你看到什么？感觉如何？”

“他们……就是倒的倒、闪的闪、逃的逃啊！都离我远远的。”

“这时候你感觉？”

“天啊！我觉得好孤单、好难过喔！我不想要他们离我远远的。”

“你想要他们靠近你？”

“对。”有一些泪光泛在艾莉眼中。

“我看到你的眼睛里有泪水，这是因为？”

“我想起每次对文杰生气时，我一指责，其实他是躲开的，就算人在旁边，心也是离开我的。”

“所以如果推开别人的‘指责’不是你心底真正的目的，那么你真正想跟他说的是什么呢？”

“我真正想说的是……”艾莉有点卡住而且困惑了起来。

察觉到艾莉的困惑，苏青说：“记得吗？我们的身心是在一起的，当理智思考阻隔了我们的心，透过身体，可以唤起内在的感受。现在我们试着修正一下你的身体姿势好吗？”

艾莉点点头，跟着苏青的指引，把原本叉在腰上的左手，翻转成为手掌向上的乞讨手势，轻轻地靠在左腰际。

“当你伸出右手指责时，最常责备文杰什么？”

“为什么又要陪你妈？为什么每次都说下一次一定不会？为什么这次还是要因为你妈而取消原来的计划？”

“你很生气，就像这个姿势一样，你用力伸出指责的食指，像刺猬的刺，也像机关枪一样攻击着。但是你真正想说的话，藏在这个躲在后面的左手手掌上，它好像在暗自渴求着什么，你可以试着说出来吗？”

“她在说……‘我真的很想跟你靠近，我真的很希望我是你心里最重要的那个人。’”艾莉的声音多了些哽咽。

“现在我们互换角色，我摆出指责姿态让你感受一下。”苏青站在艾莉眼前，复制了一模一样的姿态。

“你看见什么？”

“你向前伸出指责的右手食指。”

“你看得到躲在我左腰际、这个很渴望与你联结靠近的乞求左手吗？”

“看不到。”艾莉摇头。

“所以当你看到我的‘指责’沟通姿势时，你会？”

“我会想办法躲开，那个刺真的太尖锐了，让我很想逃！我也觉得，你想推开我，你根本不想让我靠近！”

“孩子，现在你理解‘指责’姿态了。”

坐回摇椅上，苏青轻松地喝了一口茶。

“天啊！真的是误解太多了，原来我和文杰，都是这样扭曲又错误地在传达和沟通啊！”

艾莉再次瘫坐在沙发上。过了一会儿，像是想到了什么重要事情。

“可是，指责姿态的开门密码又是什么呢？快告诉我！”

“就是你刚刚体会到，**在指责的表象下，你最想说的其实**

是‘我受伤了’‘我想要你靠近我’，不要被这个气呼呼的刺猬吓到！如果想要软化惯用指责姿态保护自己的人，你需要的是看见他的‘受伤’，同时也看见他‘想要联结’的渴望——也许是想被陪伴、想被支持、想被理解，也许是想要一个温柔的拥抱……那个躲在指责手指后面，另一只怯懦的、渴望被接触的乞求小手，就是他的通关密码。”

一个豁然开朗的表情出现在艾莉脸上。

在自己世界飞翔的彼得·潘——“打岔”背后的归属感缺失

春日午后的山上有一种特别的清新凉爽，花园里的植物也从早春的发芽生长，到现在开始逐渐长出花苞，仿佛温柔地酝酿着绽放时刻的到来。

坐在廊前的摇椅上，苏青闭着眼享受轻拂而过的微风以及这样的一段慢时光，旁边的大黄狗波波也舒服地躺着打盹。

一旁的艾莉看着苏青、看着波波、看着花园里的香草植物和花朵，看着远方几棵在春阳下轻轻摇曳的大树，突然叹了好大一口气！

才惊讶于自己不自觉的叹息声，艾莉的耳边就响起了苏青温暖的声音。

“怎么了？觉得无聊了吗？”

“也不是，只是……很羡慕你们。”

把弄着手上的一枝薰衣草，艾莉掩不住脸上低落的神情。

“羡慕我们？”

“对呀！你、波波、薰衣草、大树……还有我妹妹，你们都好自在快乐，可是为什么我不是？”艾莉喃喃自语着，有些自怨自艾。

“你妹妹和你很不一样？”

“哈！我们差超多的啊！有时候我也觉得奇怪，明明都是在同一个家庭长大的，为什么我们姐妹俩却差那么多？她对很多事都不太在乎，好像什么都放得下，面对感情也比我自在得多。前阵子，我爸妈常吵架，我担心烦恼得要死，可是一跟她讨论，她却总是搞笑耍白痴，要不就是把话题扯到八百里外不相干的事情上，再不然就是继续待在外面快活地过她的日子。从小到大，我每次都被她这种无厘头的个性气得半死，可是说实话，我心里却一直好羡慕她总是可以那么自由自在。”

“听起来，当面对冲突和压力时，你妹妹习惯回应的方式就是搞笑或消失，我们姑且称这种沟通模式是‘打岔’好了。你知道吗？这类人往往拥有如同飞鸟一般的思绪，他们充满创意，思绪上天入地，就像漫天飞舞的小飞侠彼得·潘，很难专注当下地活在他的永无岛。很多时候，他们就是用这种不断跳来跳去的小飞侠方式，来达到看似身体跟你在一起，内心却‘离开’的目的，或者当冲突压力再大一点，他们就当‘神隐少女’或‘神隐少男’直接消失了！”

艾莉有点气馁地说：“我妹就是这样，平常和她相处还蛮轻松的，但每次要一起处理事情时，都会被她的无厘头气到七窍生烟。更别提有几次压力大的时候，她就搞消失！有时候我真的觉得，她也太自私、太不负责任了吧！真的很让人抓狂！”

“是啊，从外表看起来的确如此。但你知道吗？在我们的那张内在全人图里，他们是‘自己、他人、情境’三个区块全都不存在的。”

“全都不存在？天啊！怎么可能？”

“有些人在面对冲突和压力时，为自己找到的解决方式就是消失——不管是人在心不在，还是直接消失。这个模式曾经很好地保护了他们，不自觉也就成了他们长大后惯用的反应模式。”

“那他们真的就感觉到自由了吗？”

“也未必。”

想了想，苏青站了起来。“来吧！我们动一动，也用体验的方式来更理解妹妹吧！”

这次苏青自顾自地示范了起来。

艾莉看她弯下腰和头，上半身放松往下垂着，两只手也放松地垂在两旁，身体四处晃荡，走来走去。

然后问一旁的艾莉：“你看到我这样，感觉如何？”

“一开始觉得很好玩也很搞笑，但是看久了觉得好晕喔，而且也很困惑，你好像在房间里，但又抓不准你到底在哪里，或者接下来要去哪儿？”

艾莉想了想又说：“和‘指责、超理智’姿态不一样，看着这样的你，我不会感到压力，甚至觉得蛮有趣的，可是久了，就会觉得看不懂、跟不上你在做什么，也很难跟你联结互动，然后我就会想，还是离开、不要打扰你好了。”

苏青起身，一脸欣赏的表情称赞说：“你同时表达了你的内在感受、观察，还有你可能的做法。你在‘表达自己’上进步了啊，这算是蛮完整的表达呢！”

“啊！是这样吗？所以我真的比较靠近自己了？”讶异与开心的笑容毫不掩饰地出现在艾莉脸上。

“是啊！而且这也帮助我可以更靠近你了！”苏青欣赏的笑容一点都不隐藏。

“来吧！现在换你试着体会‘打岔’沟通姿态的身体姿势。”

艾莉马上弯下腰来四处晃着。

“好有趣喔，腰垂着、手放松晃着，身体好像完全没有压力地彻底放松，连脑袋好像也放空了，就这样慢慢晃来晃去，东看看西看看，没有一定要去哪儿，也没有一定要做什么，就是飘来飘去的感觉。只不过，因为是半弯腰，所以我也没办法好好地看见你或仔细看每件事。”

过没多久，艾莉挺起腰来，对着苏青哇哇叫：“这姿势也太不舒服了！腰好酸，而且头很晕，好像很茫然，慌慌的。虽然一开始很好玩，也好像很忙，心里其实飘飘虚虚的，也很寂寞。”

“现在你懂了像你妹妹这类人，在看似自由轻松的表象之下，是怎样的一种内在心情了吧！**‘打岔’沟通姿态的破坏性后果之一，就是会跟自己也跟整个世界都疏离。你感受到的飘飘虚虚很准确，不管外在看起来多么好玩或有趣，他们的内在**

往往是飘忽茫然也无从靠岸的。”

“他们为什么要这么累呢？”

“和其他三种沟通姿态一样，‘打岔’姿态同样是一种很强的自我保护状态。拥有这种沟通模式的人，在小的时候，当面对很大的压力而撑不下去时，‘幻想’成了他们最好的朋友，帮助他们抵御心中‘没人在乎我、没人关心我’的恐慌。”

“是哦，当我刚刚晃来晃去的时候，会感受到一种暂时没有干扰、放空的轻松。”艾莉回想当时的感受。

“他们之所以一直晃来晃去，一方面是为了不要停下来面对痛苦，另一方面也不太有自信，不愿意停下来面对心底的孤单和脆弱，于是就像一边骑单轮车一边丢好几颗球的小丑一样，在搞笑忙乱中不断前进。所以很多外表看来搞笑的人，往往私底下都很孤单寂寞，感情也不太顺利。有些知名喜剧演员，私底下的生活也都和银幕上有着截然不同的面貌，他们内心其实都在寻找真正的陪伴，就像童话故事《小飞侠》里，彼得·潘需要温蒂和他一起飞到他的世界，接受他的生活形态，陪伴他、照顾他。”

“需要陪伴？”艾莉觉得有点奇怪：“我觉得他们看起来很自得其乐啊，总是有事情忙，好像很热闹，看起来不需别人陪伴。”

苏青这时用夸张起伏的语气，大动作且不断移动重心地说：“‘聊点有趣的事情吧’‘哎！这个很好笑哦！’‘干吗这么紧张啊！’”

“哇！我现在感觉到，这些看来搞笑白目的行为，其实有点悲伤啊！”

艾莉想了想，接着疑问：“如果是这样，我实在想不出属于他们的通关密码是什么。他们好像总是逃开，想要陪伴，但总是没办法停留在一个地方。”

“是的，他们总是逃开，所以我才说他们也是神隐少女或神隐少男。这时候还有另一个身体姿态可以代表他们，就是转身背对。”苏青一边说着，一边背对艾莉。

“对！没错，就是这种感觉，他们完全转身，我只能看到他们的背面！我觉得完全被丢下，完全无法与他们联结。”艾莉惊呼着。

慢慢把身体转回来，苏青笑着说：“你不是说，妹妹属于‘打岔’姿态？那你妹夫是怎么追到她的？”

“她说他够聪明，能够跟上她的脚步，又能稳定提供她安全感，还够坚持让她相信自己够好……”

“是啊！‘打岔’姿态的通关密码就是‘渴望被看到’，如果再加上你观察到的这些，就能打开你的大门。别小看‘打岔’姿态的聪明、自由和活力，别忘了，彼得·潘可是自己找到温蒂的，最后还带着她一块儿飞翔呢。”苏青眨着眼说。

第四章 / 亲密

爱情，

一如夏日艳阳，

既灿烂炫目，

有时又烈焰灼身。

你能独立自主，也能与人亲密

坐在廊前，艾莉拿着一朵黄花，慢慢地拔着花瓣，然后一瓣一瓣轻轻让风带走。带着大黄狗波波一起走出屋外的苏青看了说："是在玩'他爱我？他不爱我？'的游戏吗？"

像是被发现了心底的秘密似的，艾莉赶紧将手上的黄花丢下，然后又立刻觉得自己反而欲盖弥彰，于是大方中又带点羞赧地说："哎呀！真的是什么都逃不过你的眼睛！"

拍拍摇椅上的靠垫后舒服地坐下，苏青不疾不徐地说："这也没什么啊，以前年轻的时候，我也常常玩这个游戏啊！而且除了数花瓣之外，我还自创了很多种测试的方式喔。比如说，走在路上，看到数字对称的车牌，就表示他很想我。怎样，我很有创意吧？"苏青一边说，一边向艾莉眨了眨眼。

"哈！原来你也做过这么傻的事啊！真好！这下我自在多了！"

"在爱情面前，我们肯定都有傻得可爱的时候啰！不过，你要不要说说，最近有什么特别的原因让你对文杰是不是爱你这件事感到不安吗？”

“嗯……真的有，但是如果我说了，你不要笑我喔！最近这段时间，我开始学着面对自己，学着往内看，学着了解什么是大家说的‘你自己就已然完整’。我的确还蛮喜欢这些新学习的，也喜欢这个越来越有力量的自己，但我也有点担心。你知道吗？我开始有点害怕自我成长了，虽然这曾是我的梦想，也是我认为应该学习的事，可是我担心会不会独立到最后，就无法和别人亲密靠近了？会不会独立到最后，我就不需要另一个人了？会不会我就更无法跟文杰靠近联结、拥有爱情了？”

“我懂你的想法，我也跟你一样曾经这么想过。不过后来我遇到了很美的一句话——‘所有人都能独立自主，也都能与人亲密。’当时我愿意相信它，而现在我也深深体会并见证了。”

“你的意思是我们不需要二选一？”

“当然，世界的真相原本就不是二元对立。现在你眼中的独立与亲密，就像是跷跷板的两端？你担心，往认识自己的方向走去，就是离开和另一个人联结的可能？”

“嗯，而且不只是我认为啊，实际上也是这样。像我和文杰的相处，以前我的想法没有那么多，也没那么想做自己。”

“你真正的意思是，那时候的你，心里虽然有想法，但不会说出来？”

“是呀，我总是配合得多。我想，文杰应该很怀念那时候的我吧。”

“这我可不确定喔！”一抹微笑出现在苏青脸上。

“以前，你不习惯把自己想要的说出口，那你都是如何处理心底的期待的？”

“嗯……我心底的期待……我希望我不说，别人也会知道，然后主动满足我，我觉得这就是爱！如果真的爱我就该懂我、主动给我，不是吗？”

“哈哈哈！我看到你说这句话的时候，眼睛是发光的哦！如果可以这样，你真的会很快乐、很满足，对吗？”

“是啊！”艾莉用力地点着头。

“我很好奇，如果把自己的期待说出口会怎样呢？”

“哎呀！说出口就是要求啦，会给别人压力。人应该要懂得体谅别人，不要太咄咄逼人，不能太自私。而且我也觉得，就算我开口，也不一定能得到，万一是这样，我会觉得自己很没有价值，心里很失落，所以我宁可把它收起来不说。”

“**‘体谅’曾经是你在人际互动时，很有用的一种生存方式？让你被人喜欢、接纳，也让你感觉到自己是个有价值的好人？不过，再体贴、再善良，你仍然不可能做到心里没有任何渴望或期待，所以你把期待放在他人身上，放在爱的身上。你需要别人懂你，并且主动给你，然后你相信，这就是爱？但是，不说出口，对方就直接懂得并主动满足你心底的期待，这个概率大吗？**通常的状况是怎样呢？”

艾莉听了有些愣住了。

“好吧，坦白说，概率没那么大。我常觉得男生真的很笨、很迟钝！”与其说是生气，不如说是更多的失落情绪满溢在艾莉此刻的眼神里……

说出自己的期待

“如果我们先不讨论谁对谁错、谁应该负责的问题，回想一下，这种证明爱的方式，通常为你创造出一种什么样的关系？”

“其实一开始都蛮甜蜜的啊！”坐在地板上的艾莉屈起双腿，用手环抱，脸侧贴在腿上，窝成了一个仿佛婴孩般的安全姿态。

“我们的关系很舒服，不会有争吵，可是……可是后来，就会有越来越多的沮丧、失望、争吵。我最讨厌争吵了！”

“争吵让你有什么想法或感觉呢？”

“会让我觉得我们的关系很差，觉得爱不见了，只剩下伤害。”

“你知道吗？**说出自己的期待、感受或想法，也是一件负责的事情。既是对自己负责，也是对关系负责。**”

“咦，为什么呢？说出自己要什么，怎么会是负责任？应该是自私啊！”艾莉睁大了眼。

“不说，却希望对方知道并且主动给予，你知道这是哪一种爱吗？”

“我想应该是很体贴、很成熟的爱吧？”

苏青微笑地说：“刚好相反，**这是一种‘婴儿式的爱’。**”

“婴儿式的爱！怎么可能？”

“当我们还是婴儿的时候，没办法说出自己想要什么，所以当我们饿了、热了、冷了、痒了、痛了，我们期待有人能够知道，并且立刻照顾我们，满足我们的需求，当我们被这样对待了，我们就会感到安全舒服。”

“咦，听起来好像有点道理……所以，其实我跟我的许多姐妹们都在冀望一份婴儿式的爱？而我们却以为这是一份成熟体贴的爱？天啊！我真的是太讶异了！但是……但是难道你不承认，如果有人可以这样对我们，那也是很幸福的吗？”

“被完整照顾的时候也许真的很幸福，但是长大后，如果要拥有这份婴儿式的爱，你知道需要交换出去什么吗？”

“咦，有吗？我没有想过这个问题哦！”

苏青微笑着。

“孩子，让我说一个几年前与另一个女孩相遇的故事给你听吧……”

“太好了，我最喜欢听故事了！快说给我听！”

失恋没什么

“那年，我去东海岸朋友的民宿住了一个月，每天早上走到海边时，总会看到一个女孩的身影。女孩看起来清秀美丽，却有着一股说不出来的忧郁。过几天，我们聊了起来，我才知道她是来疗情伤的。那段日子，我们有时会一起散步、喝茶，或到镇上采买食物回来烹煮。慢慢地，我从她口中听到那段刚结束的感情以及让她深刻痛苦的分手经历。”

“唉！”一边从地板移向沙发，坐进沙发的深处，一边拿起了一个大抱枕抱在胸前，像是安慰自己似的，艾莉叹了一大口气。

“这感觉我知道，很难挨的啊！像是大地震后，面对倒塌的一切，却无力收拾的感觉！”

苏青笑了起来。“你的形容，还真满满都是过来人的体会啊！她的感受跟你的确有点像，一开始她形容是‘超级龙卷风袭击后的彻底摧毁、夷为平地’。”

“咦，‘一开始’？你是说，后来她有不同的形容？”

“你知道，时间除了是疗伤的药之外，如果我们愿意好好陪伴自己、靠近自己，让自己在经验里看见、学习和成长，也能慢慢沉淀、看见内在的智慧，拥有更广阔的视野。”

听到这里，艾莉显得开心了起来，整个人趴向桌面，高高捧起茶杯向着苏青做出干杯的模样。

“嗯，我知道！我知道！我更知道的是，这条路上有你、你们——不管我认识不认识的女人相伴，我就会少了很多慌张和孤单的感觉。敬你！也敬那个女孩！”

苏青笑了开来，跟她认真地碰了碰杯子。

“哈哈哈！好，希望有一天你能跟她碰到面，好好地干一杯！而且，你刚刚说得没错，后来她的确有了不同的感受。”

“旅行结束的前一晚，我和她坐在民宿阳台的座椅上，一边吹着晚风，看着皎洁的月光洒在海面上，一边享受安静沉缓的时刻。就在我以为星星都快要睡着的时候，她开口说……

“你知道吗？经过这十天的独自旅行还有与你的对话，我觉得这真是一段好幸福的时光，你带我慢慢离开暴风中心，让我看见那些内在的资源，看见我是谁……就在刚刚，当我想到明天就要回到都市，回到工作和生活中，我突然觉得那天跟你描述的分手情伤，有了不同的画面。是的，这段感情的结束，的确让我受了很重的伤，也摧毁和带走了很多曾经美好的梦想，可是现在的我也看到，其实它并没有摧毁我的一切！在‘我’的这片基地上，有一些大树倒了，有几幢房屋窗子破了、屋顶掀了，可是并不如我之前所想的‘夷为平地’。我想，它不是一个超级龙卷风，而是一个中级台风。也许我还需要一段不短的时间，可是我想我可以慢慢地、慢慢地重整重建了……”

艾莉听着，晶亮的眼神里，闪着感动的泪光，同时带着开心的笑意。

“我可以说真的很感动吗？因为我知道那种被震毁的痛和无助，所以我对她所说的‘不是席卷毁灭一切的龙卷风，而只是一阵台风摧毁了些什么，但我们还是有能力可以重整重建’的复原和转折，真的觉得好不容易、好珍贵啊！”

“是啊，我们都能感受到这份美好对吗？更棒的是，前两天我收到了她寄来的E-mail，下周她会上山来看我，顺便分享她的新成长、新体会！你刚刚好奇‘在婴儿式的爱里，我们需要交换些什么’的答案，可以亲自听她分享了！”

“哇！太棒了，我迫不及待想认识她了！”手里高举着杯子，艾莉期待着。

相信自己值得被爱

早晨阳光亮晃晃地照着，透过或疏或密的树叶，在整条绿色山径上落下如同剪纸般的美丽光影。三个女人一身轻装，时而并肩，时而或前或后地边走边聊。经过一段蜿蜒的上坡，艾莉一鼓作气冲上坡顶，钻进坡顶旁的木制凉亭里坐下来，用力吐出一口气。

“呼！爬山流汗的感觉好过瘾啊！”

隔了一会儿，只见婉玲陪着苏青，两人微微喘气，也走进凉亭，三人各据一方，一边歇脚，一边享受清凉山风。在这安静的片刻里，绿绣眼、白头翁、五色鸟……各种活泼灵动的鸟鸣声，在整片山林间清新又愉悦地合唱着。

再次大大地吐了一口气，靠着凉庭柱子悠闲坐着的艾莉开口了。

“你们知道吗？我越来越爱这样可以慢下来、安静下来的时光了。以前的我总是急忙地把日子填满，将与人相处的时间以说话来堆满。但来到这里之后，我才发现一旦慢下来、静下来，就能空出时间与空间，让更多东西流进心底。”

“看来，这是这段日子里你的改变！我们每个人如果用心生活，就都会是一直不断改变的状态。婉玲在路上也跟我分享了她在最近这段爱情里的改变……”苏青说。

“真的吗？前两天我和苏青还聊起在爱情里的困惑呢！我觉得改变真的好难啊，你愿意告诉我，这次你在爱情里改变了什么吗？”

仰头喝了一大口水，接着吐了一口气，婉玲的脸色看起来红润且充满活力。

“哈哈！很多都改变了，如果要说最核心的改变，我想也许应该这么形容：以前的我在爱情里总是依附对方，希望对方照顾我、对我好，所以在心里，我把自己缩得很小。假日的时候，他问我想做什么，我说都好，其实只要跟他在一起就好了。他喜欢看球赛，我就跟着一起看。说实话，我没有觉得不好、不舒服，因为他帮我把整个世界都撑起来了。虽然我都配合他，但是我也很快乐啊。”

“后来是什么让你开始改变呢？”艾莉问。

“唉……因为对方会离开啊，前两段感情都是这样，他们都跟我说，他们觉得很累。”婉玲将目光投向苏青，“那就是几年前我在东海岸旅行遇到你的时候，那次的疗伤之旅，我不再像以往一样找姐妹们陪伴哭诉，而是自己去旅行，让自己独处，刚好又遇到了苏青，有了好多很棒的对话。”

阳光洒在婉玲带着笑的脸上，每一个光点都像是那时深刻又闪亮的回忆。

“我记得要离开的那天，才是清晨，清脆的鸟鸣声已经把我唤醒。走到阳台，东海岸仿佛有一抹干净的湛蓝迎向我，不论是天空或海洋，都是一片开阔清朗。那一刻，我突然感觉到，我不想再把别人当作我的大地和天空了！我也不想再把自己缩得那么小，不想再把别人当作我的城堡！我想要把力量放在自己身上。”

“把自己缩得很小？”艾莉反复沉吟着这句话。

“所以之前你说的，如果要拥有婴儿式的爱，需要交换出去的是什么？就是这个，对吗？”艾莉对着苏青恍然大悟地说。

“后来呢？回到台北后发生了些什么？”苏青没有正面回答艾莉，只是继续对婉玲表示好奇。

“后来，其实就是回到生活里，上班、下班、聚会、独处。跟同事朋友家人互动或争吵……日子很平凡，我的情绪也依然在快乐、悲伤、生气、开心里起落摆荡。但是，自从我决定要把力量放在自己身上之后，不知道为什么，我的心，好像就比较淡定了。有一天，我在路上遇到前男友的弟弟，那次我突然有勇气开口问他：‘你哥哥是不是已经交女朋友了？’他迟疑了一下跟我说，以前他怕我伤心不敢跟我说，其实他哥哥在还没分手时就已经劈腿了……”

“那你一定很伤心。”艾莉小声地说。

“伤心的确也是有的，只是更多的是开心。”

“开心？怎么可能？”

“之前我已经有预感了，也在脸书上看到一些蛛丝马迹，但是他不承认。我说的‘开心’是因为我很高兴自己有勇气问了，我很高兴知道真正的答案了，要不然我还会一直陷在‘是不是我哪里不好？是不是我不该让他知道我家的经济真相？是不是……’我终于可以摆脱那些猜测和不确定，单纯知道分手就是因为他花心、他是个烂人，就这么简单！”

“我很好奇那个勇气的背后是什么，是什么不同了，让你这次有勇气开口问了？”苏青问。

接过苏青探询的眼神，婉玲沉吟着整理自己……

“因为我开始觉得‘我值得’了！以前我总想着，没必要撕破脸，既然不可能不分手，我不要弄得那么难堪，所以我不会一直追问。可是现在的我会觉得，我‘值得’知道！我‘有资格’知道！我不想要再不明不白了！所以勇气就出来了！”

婉玲的眼睛里闪着微微的泪光，但脸上是挂着笑的。

“现在想想，从那之后，我开始有力量展现自己。在工作上、生活上、朋友圈里，大家都说我变得开朗又自信。前段时间，我也开始另一段感情，而且在这段关系里，我不再是以前那个总是依附的小女孩了，男友常说我既温柔又有主见，是个很特别的女人。”

“我真替你开心！你知道吗？我常觉得我们好像都是长大了才变成蝴蝶的！我好高兴遇到像你这样蜕变成为蝴蝶的女孩，那好像也让我有了力量！”艾莉由衷地说。

此时山上的风干净又宜人，春天的野花正缤纷地绽放。三个女人，相视着笑开了！

发现爱的真谛

回到苏青的山居小屋，一起享用过晚餐后，三个女人各自窝在客厅的舒服沙发里，继续聊着。

“可以跟我说说你的爱情历程吗？我也好想知道喔！”

艾莉突然鼓足了勇气，开口问了苏青。

苏青笑了笑，像是坠入了回忆里。

“以前，我也是一直向外渴求爱，用可爱的方式渴求爱。**以前的我总是问‘他怎么了？’比如说，只要当他不说话的时候，我就会惊慌不安，心里自问‘他怎么了？’或者后面还有一句没有说出口的内心小剧场旁白是‘我做了什么让他这样？我要做什么才能赶快让他好起来呢？’然后我就处在惊慌不安里，先扰乱自己，接着去扰乱他。**但是当我走上心旅程之后，开始懂得先回到自己，于是我开始问‘我怎么了？’我会回到内在靠近自己，去看一看，这个惊慌不安的感受背后，是不是联结着什么隐藏的价值观？‘女人应该……亲密是……爱就必须……’我开始对自己好奇，这些信念、规条、价值观究竟是怎么来的？它是真理吗？或者它是不是合理的期待？这是我与他关系里的真实吗，还是一种依据过往的创痛经验而有的过度推论？我得先回来跟自己联结。然后我发现自己真的一点都不了解爱，一直以为爱就是讨好、被宠爱，这其实都是一种对爱的混淆。于是我开始体会到，我得先搞清楚自己，先停止内在的自己与自己打架。”

看着苏青掉入了过往回忆，脸上浮现当时有的困惑和挣扎，婉玲贴心地为她递上一杯茶的同时，也开口问。

“原来，你也曾这么混乱啊？也有人陪你走这段心旅程吗？”

苏青喝了一口茶，用眼神向婉玲表达了谢意，接着吐出长长的一口气。

“那时候，我也遇到了一个比我年长的姐姐，是她陪伴我走过这段自我整理、自我发现的心旅行。有一次我跟她倾诉了对于爱的疑惑和痛苦，听完之后她问我，为什么你没办法说‘我爱你’？我被她的提问打到了。先是感到困惑，心想‘我有吗？’后来仔细回想，的确在好几次情感经验里，我只说过一两次，都是被逼到绝境，情感满点的状态下。有一次我跟交往三年的男朋友大吵，那已经是我破纪录最长的一段情感了，他问：‘那你爱我吗？’当时，我大哭着跟他说：‘我都不爱我自己了，怎么可能爱你？’我不懂被爱的踏实感到底是什么，不懂什么是爱。

“是啊！我是从这样渴望爱又怕爱的状态里，经历几段感情，经过磨炼和蜕变，最后一步步走到现在能跟永浩‘执子之手，与子偕老’。所以别害怕，无论如何，这趟爱的旅程，绝对值得我们去好好经历并收获一段美好。”

黄昏的光线，迷离中带着余韵照进了小屋。在三个女人的温暖相聚与分享里，夜色，悄悄地降临了……

第五章 自由

过去我们只能看到，

自己或别人外显的言行反应。

通过“冰山图”的指引，

我们有机会更进一步地靠近与了解，

自己和别人，

内在究竟发生了些什么？

初识内心冰山图

“昨晚我又做梦了。”喝了一口咖啡，艾莉声音里的疲惫呼应着满脸倦意。

“听起来，这是一个让你消耗能量的梦境？你很熟悉吗？”

“是啊！再熟悉不过了！好像每隔一段时间，它就会出现。在梦里，我的房间都是幽幽冷冷的蓝色，而房间正中央，漂浮着一座冰山！有时候我在想，是因为我太想去南极旅行了吗？还是……其实我上辈子是只北极熊啊？”

“这想法好可爱！”苏青也被艾莉说的话给逗笑了。

“不过，如果那个梦里真的有只北极熊，在你的感觉里，它是自在开心地玩耍吗？”

“不是啊，如果是，我应该醒来会很开心吧！我很希望是像你说的那样，但每次那座冰山都很冷、很坚硬、很孤单……”艾莉的声音越来越小。

“以前我妈妈总是问，为什么我老是想往外跑？我原本以为应该是家里人太多，没有自己的空间。可是后来就算我自己搬到外面住，我还是会一直往外跑。跟朋友吃饭、聊天、看电影、逛街、加班、旅行，每次都是累瘫了才回家睡觉，就像住旅馆一样。”

“即使搬出去以后，梦里的房间里仍然有一座冰山吗？”

“是啊，那座冰山好像一直跟着我，一直矗立在那里，幽幽的蓝色、冷冷的温度……”

像是感受到那种低温似的，苏青注意到艾莉拢紧了自己身上的外套。

“你知道吗？‘冰山’也是我们内在一个很鲜活的图像！”

“内在的图像？是像之前你借着圆满完整的全人图和身体的姿势，让我看见并且深刻体会的那种内在图像吗？”

艾莉眉毛挑得高高的，饶有兴趣地问着。

“冰山图和全人图一样，都可以具体而细致地勾勒呈现出我们言行反应模式之下的内在状态，你可以说它是一个很好的工具或指引，帮助我们更容易地看见自己的内在，进而更清楚地了解自己，并且带领我们走向改变！”

“哇！那我也想认识这个冰山图，可以说给我听吗？我会是一个好学生的！”

看着艾莉热切的眼神，苏青忍不住笑了。

“当我们真心想改变的时候，就如同在内心装了一个超强大的动力引擎！你的超强动力，我完全感受到了！”

苏青弯身在茶几下拿出一张白纸，然后继续说着。

“你知道，我们在海面上看到的冰山，往往只是冰山一角，

意思是，其实有个更深更巨大的冰山主体隐藏在海平面之下。这和我们对外的言行反应模式刚好一样，被看见的部分，其实只是一小部分而已。”

“你是说，我们的言行反应只是冰山露出的一角而已？那海面下的主体究竟是什么？”

“来吧，我们试着画画看！”

在客厅昏黄的灯光下，艾莉看着苏青在白纸上画了一座大冰山，然后在冰山上部画出一条切分出一块三角形的曲线，在余下的部分，又分别画下五条线区分出六个区块。

还没等好奇又困惑的艾莉开口问之前，苏青从上往下在每个区块里分别写下了“应对方式”“感受／感受的感受”“观点”“期待”“渴望”以及最底层的“自己”几个大字。

盖上笔盖，苏青说：“看到海平面线下的这一大块区域了吗？这里才是冰山的‘主体’！往往因为它们，才会呈现在海面上被看见的‘行为’。”

“什么？等等！让我整理一下，你的意思是，我们的行为反应其实是受到下面这些看不见的各层所‘作用影响’的结果？”

没有被艾莉急切的声音所影响，苏青依然一派悠闲地一边摸着大黄狗波波的头，一边不疾不徐地说：“是啊，你很讶异吗？以前，你只看到自己或别人的言行反应，但是通过这张‘冰山图’的指引，我们就有机会认识自己和别人的内在究竟发生了什么。这也有点像是手表里的齿轮世界——一个小齿轮影响另一个齿轮，又带动另一个齿轮。我们的行为举止，的确是被看不见的内在齿轮所带动而做出反应的！”

“但是……为什么会形成这些连动作用反应呢？”

“你问得很好。**其实我们刚出生时都可以完全真实地表达自己，但是随着一天天成长，为了生存，我们会逐渐学会并形成一种感知安全的反应模式，它其实是一种自我保护的方式。每个人言行模式的背后，都有一团丰富的信息在运作着，冰山图就是帮助我们探索和觉察‘我们的内在究竟发生了些**什么’。”

“我好像有点懂但又有点模糊……”抓了抓头，艾莉诚实地说出自己的真实感受。

“没关系。当你跟我说出你的真实状况，而不是只想讨好或疏离地采用‘善意的伪装’，我就能够更好地贴近你、了解你，我们也就能够创造真实靠近的联结关系了。不用急，让我想想还有什么更具创意的方式，来帮助你更了解我想表达的东西。”

对着艾莉眨眨眼，一个慧黠的笑容出现在苏青脸上。

不做受控的木偶

苏青自在地走到音响旁换了首乐曲，又跟波波玩耍逗弄了一阵子，中间还递给艾莉一罐精油蜡烛。

“闻闻看，我上回发现的新味道，觉得很像雨后的草叶香，你看看给你的感觉是什么。如果喜欢，等一下我们可以点起来。”

原本还为刚刚接不住苏青所尝试表达的东西而有点沮丧与心急的艾莉，看着苏青的安然与自在，先是感到讶异，慢慢地也不自觉地逐渐放松和缓了下来。

艾莉一边嗅着“雨后草叶香”，一边想着：“是啊，现在已经不是以前为了考试而压力超大的念书和学习了，我其实可以更放松的。而且苏青对于我没有搞懂她的想法，好像也很自在轻松，我不用挂心她，也不用担心她会因为这样不喜欢我……”

当这些想法在心中浮现时，艾莉感受到自己紧绷的身体放松了下来，呼吸也随之变得缓慢而绵长，手中那罐精油蜡烛的淡淡香气也就更清晰了。

这时苏青像是突然有了什么灵感似的，站起身来走向书柜，打开下方的木柜门。

“我来找找，应该是放在这里的。”

“是什么？需要我帮忙吗？”

艾莉忍不住好奇地凑过去，波波仿佛知道是什么东西，开心地在旁边绕圈子跑，并且不断发出兴奋的叫声。

苏青从柜子深处拿出了一个看起来很有岁月痕迹的木盒子。

“打开看看吧！”苏青一边迎接着艾莉充满好奇笑意的眼神，一边亲切地说。

艾莉开心且小心地打开木盒：“哇！好精巧的吊线小木偶喔！我可以玩一下吗？”

说话的同时，艾莉已经迫不及待地拿出来把玩着。

“来！举手！”“换动作，屈膝！”操作得越来越熟练后，她转头喊着：“波波来！我们一起跳舞！”

兴奋的波波跳上跳下，不停地围着舞动的小木偶绕圈，汪汪的叫声也仿佛是在热情寒暄，在一旁看着的苏青也忍不住笑了起来。

一阵玩闹之后，艾莉吐了好大一口气坐回长沙发。

“这个吊线小木偶实在太有趣了，我拉哪一条线他就动哪里，而且设计得好精巧，有时巧妙牵动还可以同时变化手脚和身体的弧度，太好玩，太让人有操纵的成就感了！”

像是很了解艾莉的心情，苏青用笑容回应着，“我们大部分人，其实很多时候也跟这个吊线小木偶一样啊！”

“啊！我们像吊线小木偶？怎么会？我们明明就不一样，我们的言行反应是有自由意志的！”

话才说出口，艾莉像是想到什么似的。

“等等！等等！你是说，刚刚提到的冰山图——**‘我们内在各个层面的波动，其实牵动并影响着外在的言行’**，就像是这个小木偶的画面，对吗？”

“是啊。”

苏青微笑着陆续拉起小木偶身上的一条条丝线，有条不紊地介绍着：“这一条是‘感受’、这一条是‘观点’、这一条是‘期待’、这一条是‘渴望’，而这一条主丝线是‘自己’。”

“哇！这样一看，真的好清楚喔。”

“现在，想不想听一个关于由‘观点’丝线牵动的小木偶故事？”

“想！当然想！我最喜欢听故事了，快讲给我听！”

摆脱观点的束缚

“有一回，我到首尔出差，顺便也进行了一趟自己的小旅行。那天紧凑的工作刚结束，我带了本长篇小说，选了一家很有人文情调的咖啡馆，想让自己好好地放松一下。也许是非假日的原因，偌大的咖啡馆里人很少，我一如往常地坐在角落的位置，细细品尝着那杯手冲单品日晒萨尔瓦多。没多久，一个大约二十四五岁的女孩也坐进了角落区，她顺手放在桌上的中文旅游书让我知道她应该也是来自台湾，可是她脸上落寞的神情，和一般观光客实在不太一样。她一个人坐了好一阵子，低落的情绪似乎没有好转，甚至还不时低头拭泪，于是我忍不住走了过去……”

“你还好吗？不知道会不会打扰到你？看到你好像很伤心的样子，我只是想来关心一下，你需要什么帮助吗？”

女孩抬起头，脸上还带着泪痕。

“哦，谢谢你，我还好。你也是来自台湾吗？能在这里遇到同乡，真好，尤其……”话还没说完，女孩眼眶又红了。

“我是跟男朋友一起来旅行的，只是……只是刚刚我们吵架了。”

“是吗？看起来你还是很伤心，我只是想让你知道，如果你想要一个人独处，我很能理解，但如果你想找人聊聊，我也很乐意的。”

“后来她愿意聊吗？我知道，出国旅行吵架真的是最讨厌的事情了，明明是想开开心心去玩的……唉，一起出国，真的是最考验感情的事了！”艾莉热切地问。

“后来她坐过来跟我同桌，说起男友想要到南山塔挂情人锁，可是她不愿意，两个人为此大吵了一架。”

“哇，这是多浪漫的事情啊？彼此承诺‘一生一世都锁在一起不分开’哦！她为什么不愿意呢？像我，死拖活拖都很难把文杰拉去。我真的跟他提过，还把韩国五天四夜自由行的资料都找好了，可是他却说：‘这行为实在太笨！’真的是一点浪漫都不懂！”

“呵呵，你看，明明是同一件关于‘承诺’的事情，你的观点是‘这是一件超级浪漫的事’，所以一想到就充满了渴望和开心；可是那个女孩对这件事却有着和你截然不同的想法。我们聊久一点之后，她跟我说出了心底真正困住她的原因……”

“坦白说，对我来说真正困难的是关于‘承诺’这件事……我知道关于这一点我一直很怪。其实我很爱我的男朋友，我也不是花心的女生，只是我始终觉得‘承诺’这件事很无聊而已。可能有些人很喜欢，但我就是不喜欢，我不喜欢别人给我承诺，我也不想要给别人承诺。我完全不认为爱就一定要承诺什么，我想这应该是每个人天生就有的个性差异，没有必要一定要每个人都一样啊。”

“是吗？我有点好奇，如果用一个最贴切的东西来形容‘承诺’，你觉得那会是什么呢？”

“用一个东西形容承诺吗？嗯……”女孩沉默了，陷入思考。

一段时间后，她眼神一亮。

“我觉得承诺就像是一个包装得很漂亮的礼物盒，但是里面可能装的是炸弹！”

“什么？炸弹！”艾莉用力吞下差点喷出来的茶，引起了一阵咳嗽，却又急着说：“哇！抱着一个装了炸弹的礼物盒？那真的是很恐怖的感觉！但是承诺为什么会是炸弹啊？明明就是一百朵粉红玫瑰才对啊！”

“原来你跟我一样，也对她的说法感到好奇。”

“漂亮的礼物盒里面装的是炸弹？哇，这真的是很可怕的一件事。不过，我更关心的是：这个炸弹曾经爆炸过吗？”

女孩张大了眼睛，眼里先是浮起困惑。

安静了一段时间之后，一阵雾气渐渐地蒙上了她的双眼。

“很奇怪，当你这样一问的时候，在我脑海里浮现出来的是我的十岁生日……”

“十岁生日！天啊！难道是十岁生日的记忆影响了她对承诺的看法？这也太像小说了吧？这是真的吗？”艾莉惊呼着。

苏青微笑了起来，说着：“**很多过往的事件，其实都隐性地留存在心底，就像我们画的那座内在冰山图，有的像留在‘感受’层，有的留在‘观点’层，有的像留在‘期待’或‘渴望’层，也有的停留在‘自己’层。**根据我的经验，如果我们愿意走进自己的心里做一趟内心的旅行，那里面收藏着的故事，很可能不输任何一本我们在市面上读到的小说喔。”

“十岁生日那天，发生了什么事吗？”

女孩的神情微微黯淡了下来，仿佛随着记忆一起回到了十岁生日的那一天。

“我记得爸爸答应过我，生日那天一定会在家陪我，可是那天起床却没有看到他。后来妈妈说，因为公司临时有事，爸爸不得不赶去处理。可是我真的还是好伤心、好失望。我知道就像妈妈说的，爸爸工作忙是为了我、为了家，可是我只是希望他陪在我身边啊。”

“还有些什么记忆浮现吗？”苏青关心地问着。

“我记得……我还是很听话地跟同学玩了一段时间，可是后来，我偷偷回到房间哭，我在墙壁上写着‘爸爸，为什么你骗人’！没多久，同学们突然跑进房间，然后有人看到了我在墙上写的字，他们还好大声地把它念出来，一直嘲笑我……”

更多的眼泪流了下来，正倾听着的苏青静默着，默默地递上面纸，眼前这个二十四岁的女孩，正陪着十岁时受伤的自己。她在心底尊重且珍惜着这段珍贵记忆。

一阵啜泣后，女孩渐渐收住了眼泪。

原本一直在一旁温柔陪伴的苏青这时才开了口。

“说完这一段过往之后，现在你的心情怎样呢？”

“坦白说，我好讶异啊！我完全不记得这一段过往了，我更没有想过，我不喜欢承诺会跟这件事有关……但好像真的是如此。当你问我的时候，很奇妙的，这段似乎已经在我脑中消失的记忆，突然就出现了！”

“**很多时候，大人眼中的‘小事’，却是小孩心中的‘大事’，不管从理性上来看那件事多‘小’。我们的感受本来就是‘主观而真实’的，也不一定要有多大多严重的事，才会让身为小孩的我们内心受伤。**我想，对于十岁的你来说，重要的时刻有爸爸陪在身边，是你很大很大的渴望，所以那个时候的你真的很伤心，伤心到不知该怎么办，于是把它深藏在心底的某一个抽屉里，这是你自我保护的方法。不过刚刚，现在二十四岁的你，回去陪了陪那个被留在十岁时受伤的自己，对吗？现在感觉怎样呢？”

“好多了，我喜欢你用的‘陪’这个字，真的！我现在会感觉到，至少有现在的我理解她的伤心和失落，理解她想要爸爸陪的渴望……”

“是呀，有时候我们的一些心情和渴望，只要被理解、被接纳了，在心里就会有一种很温暖、很安定的感觉。现在二十四岁的你，长大了，更成熟了，也有更多的智慧。关于爸爸送给你一个‘漂亮礼物盒里装着炸弹’的承诺这件事，有什么是比十岁的你多看见的一些吗？”

女孩对于苏青的提问先是感到困惑，接着顺着这个提问想了想。

“现在想想，我好像也还记得，其实前一天爸爸带我去买了好多零食、气球、玩具，还有一个好大好大的蛋糕！我们回家跟妈妈一起把家里布置好，等着隔天同学来家里一起过生日。”

“这个新记起的回忆，让你有什么样的感觉或想法呢？”

一抹笑容慢慢地绽放在女孩的脸庞：“我知道爸爸是很爱我的！我其实也拥有被爸爸陪着的时光。尤其这几年，爸爸工作没那么忙了，我们有了很多很棒的时光。”

“过去的你，因为太小，被失望和伤心困住了，只停留在那个受伤的点上，可是现在当你带着长大后更宽广的眼神往回看时，就看见了更多的记忆与画面。现在，看看在你的心里，承诺还是一个‘装了炸弹的漂亮礼物盒’吗？”

女孩低头沉默了一下，像是在体会内在重新拥有的感觉与思绪。

再抬起头时，女孩的脸上多了一抹开心的笑容。

“不是了，它是一个漂亮的礼物盒，即使里面不是我预期的礼物，但也不会是像炸弹一样伤害我了。”

“更何况，现在的你，比十岁的你拥有更多力量和智慧，不是吗？”

“是哦！现在我感觉心情轻松很多，真是一段奇妙的过程！谢谢你，让我看到这些。”

“哇！这改变也太奇幻了，真的好像是小说里才有的情节哦！”艾莉说。

“其实不奇幻，也不是只会发生在小说里的故事啊！当这个女孩改变了对于承诺的看法，而且这个改变，不是一个大脑层面的认知指令，而是通过体会产生体悟与智慧，她就成功地剪断了‘观点’的隐形丝线，不再被过往的‘未完成事件’所操控，也就重新拥有了自由与自主。其他的丝线也是一样，如果我们愿意，一样可以剪断这些隐形的操控，让自己焕然一新！”

“我想起第一次遇到你时，你跟我说的那句话：‘改变永远是可能的！’”

在小屋里，两个女人相视而笑了。

创造自由的天空

“那这个女孩不怕承诺了，她和男朋友的争吵点是不是就从此消除了？”艾莉用一种看爱情小说时渴望知道男女主角大和解的心情，迫不及待地问着。

“你看一下你手中的小木偶，它身上只有一条线吗？”

“啊！不是啊，我数数，有五条线哦！”

“是啊，那女孩也才剪掉一条‘观点’的丝线啊！”

“所以你们后来还继续聊吗？还剪掉了另外哪一条吗？哎哟，别卖关子嘛！我是真的希望她和男朋友不要再因为她对‘承诺’的障碍而卡关了嘛！这世上幸福快乐的事已经越来越少，不管是电影、戏剧或是真实生活中，我都希望有情人能终成眷属！”

苏青微微笑了一下。

“也不是刻意要剪哪一条线，是我想起她一开始提到自己既不想接受承诺，也不想给出承诺。所以试探性地问问她，想不想继续看看关于‘给出承诺’这件事。她一听到就表示很乐意，因为每次当她不愿意承诺时，男朋友就会怀疑，到底她对这份感情是不是认真的。”

“是呀！每次文杰不肯承诺的时候，我也是这样又伤心又生气地怀疑！你们后来是怎么谈的呢？”

艾莉把小木偶放在桌上，又在自己背后塞好了抱枕，手上也抱着一个，舒服地坐着等着听故事。

“你说你很怕给出承诺？嗯，我们来玩个小游戏好了，你看一下周围，如果要选一个东西代表承诺，你会选什么？”

女孩歪着头一边思考着，一边环顾着四周……最后指了指苏青身后靠墙摆放的一棵绿色大盆栽，“就是它了！”

“是它吗？在你眼里，它具有哪些特质呢？”

“它很漂亮，但是也很需要好好照顾，如果一不小心没照顾好，就会死掉！”

“听起来这份礼物伴随的压力好大啊！是因为这样，即使你知道这个礼物很漂亮，收到的人会很高兴，但是你没有办法随意地就把它送出去吗？”

听完苏青说的话，女孩愣了好一会儿。

“嗯，万一我没把它照顾好怎么办？它如果枯死了，收礼的人一定会很伤心。”

“而你很了解那种伤心！十岁生日时，爸爸送出了一个他没有办法好好照顾的承诺，让你深深地受伤了。你很善良，你知道那种痛，所以不愿意重蹈覆辙？”

“天啊！我真的完全没想过这两件事可以联系在一起！但

是我真的一直希望自己的承诺都要能兑现，如果没有把握，宁可不说！”

“所以你不给承诺，不是因为不相信承诺，相反地，你是太看重承诺？”

“嗯。”女孩虽感讶异，但也不得不承认地点了点头。

“而且大学时我交的第一个男朋友，也是好喜欢跟我说一堆美丽的承诺，可是最后那些承诺都像漂亮的泡泡，全都破灭了……”

“所以过往关于承诺破灭的经验，不只是爸爸，也还有第一个男朋友，这些点点滴滴，让你每次想到承诺时，就会在内心召唤出之前深刻的‘感受’——伤心、失望、痛苦，以及同样深刻的一些‘观点’，例如‘承诺是危险会伤人的’，同时也让你不自觉有了一个对自己的‘期待’——我不要做一个给出承诺却又做不到的人？”

“好奇妙喔！好像真的是这样，只是我自己一直没有看见这样的自己。”

“那你愿意继续往前再多看一点吗？”

“嗯，我想！”

“刚刚我听到你说，‘它很漂亮，但是也需要好好照顾，不然会死掉’，我有点好奇，所谓‘需要好好照顾’，如果明确具体地说，究竟是怎样的照顾法呢？”

“嗯……”女孩仿佛从来没想过这个问题，带着困惑思考着。

“嗯，就是每天都要浇水吧。”

“每天都要浇水……我想，每一棵盆栽的状况可能都不太一样，那你看看这一棵，你觉得它需要每天都浇水吗？”

“嗯，好像不是，这一种盆栽好像是比较耐旱的，可能一星期浇一次就可以了。”

“如果是一盆你知道只需要每周浇一次水就可以照顾好的盆栽，你的心情会是……”

“轻松多了！是哦，不是每棵盆栽都那么脆弱的！你知道吗？刚刚我在想，该选桌上的这一瓶鲜花，还是那棵盆栽来代表？后来我觉得盆栽比较有生命力，所以其实我的‘承诺’也是比较有生命力的。”

女孩吐了一口气，像是轻松多了似的笑了开来。

苏青的脸上也漾起了一个为她开心的笑容。

“好像对于‘承诺’，你有了一个新的认识：它其实没有那么脆弱，没有那么容易死掉，而且它需要的‘好好照顾’，也不见得就一定是每一天、每个日夜的细心呵护。当这些新的想法出现了，你现在感觉怎样呢？”

“感觉很好、很轻松……而且，我突然觉得，有它在挺好的！你看，在这一片红砖墙前，有了它，显得更漂亮了。”

“那现在你会想调整一下和它之间的距离吗？”

“嗯……我会想要更靠近它一点。”

苏青带着笑，伸了伸手，示意女孩可以随着自己的心意调整到她想要的新位置。

女孩将椅子挪近了一些。

“现在更靠近了，你感觉怎么样？”

“我发现它更漂亮了，看起来更茂密、更有生命力了，而且，原来，它的枝干有这么美丽的纹路啊！”

“你想摸摸叶片的质感吗？”

女孩迟疑了一下，起身走过去，选择其中一片叶子摸了一下。“哈，原来，它的叶子这么厚，而且比我想象的软，摸起来真的很舒服！”

当女孩转身回到位置上时，脸上挂着一个满足且开心的笑容。

“之前我不知道它是这样的，现在我感觉到它好像有饱满的生命力，一直向我传送，我很喜欢有它在这里。”

“那你之前‘需要好好照顾，不然就会死掉’的担心呢？”

“现在想法不一样了，它其实没有那么娇弱，照顾它也没有那么恐怖。而且……其实就算我很尽力但它还是死了，那就……再换一盆就好啦！哎呀！以前我男朋友总是说不必压力那么大，我现在突然明白他在说什么了！”

“你喜欢现在跟‘承诺’的新关系吗？”

“我喜欢！真的很谢谢你帮我一起看到这些，一起有了新发现。你知道吗？我现在好想回旅馆等男朋友，我想跟他分享刚刚这些新发现。想跟他说，以前我以为我是天生不喜欢承诺，却原来是因为我有一个遗忘的伤心过往。我想跟他说，我愿意送他一盆叫作‘承诺’的盆栽，我们一起好好照顾它，我不再怕它死掉了！”

又抽了一张面纸，艾莉泪眼婆娑地说："天啊！这也太偶像剧了吧！你看，在韩国就是不一样对不对！随便一个咖啡馆都会上演感人的戏码！"

"看来这个女孩对你的启发挺大的。"

"是啊！这让我想起以前，文杰每次也都说：'你不应该只听我说什么，你应该看我怎么做比较重要，不是吗？'可是我就不明白，说出承诺就那么难吗？我也会怀疑他到底爱不爱我。可是现在我明白了，每个人的行为之下，其实往往都有一段经历、一个故事。"

"是啊，如果我们能够用好奇去探看'为何会如此'，用好奇与欣赏的心与眼，来探看自己以及他人的'冰山'。就像是一个游戏，我们借着冰山图的指引，带着好奇去探索，带领我们看见、理解，而不再是沮丧地觉得不懂、觉得我们不同，接着就生气、沮丧、失望、伤心……最后往往就会想搁置一段关系。"苏青进一步解释。

"然后，我们就可以创造我们想要的改变！"

紧紧地抱着毛茸茸的波波，艾莉开心地大声说着。

第六章 回家

过往，

的确会强烈地影响我们，

但在这同时，

我们也同样拥有

改变与创造的力量！

活在过去、当下，还是未来？

“不过，我还是觉得，我们的内心世界太神奇了，过去，真的会那么强烈地影响我们吗？”艾莉脸上满是困惑的神情。

“记得我跟你说过的吗？过去的确会强烈地影响我们，但这并不意味着我们被‘注定’，相反地，我们拥有改变与创造的力量！”

“但究竟该怎么做呢？”

“改变的方法有很多，我们之前谈过的，重新调整圆满完整的‘全人图’、通过看见内在的‘冰山图’，然后进一步创造矫正性的经验或建立新观点、厘清自己的期待、稳定自我价值等。‘确认并调整你的时区’，也是另一个可行的方式之一。”苏青又抛出了一个有趣的新名词。

“确认你的时区？这又是什么啊？”

“让我打个比方好了。如果我们搭飞机从欧洲飞回台湾，就是从一个时区到另一个不同的时区。当我们抵达台湾的时候，就需要经历一段让身心‘调整时区’的过程。从过往的深刻影响中创造改变时，就类似于这样的时区确认与调整，也是一件很重要的事情。”

“空间上的调整，我懂。但我们不就是活在现在吗？哪有什么不同的时区呢？”

“你确定我们都是‘活在现在’？我发现其实很多人不是啊！很多人其实活在过去。比如说，我们在很小的时候被忽略了，到现在某一个内在的我们其实还停留在过去。或者，我们把小时候的冲击带到了现在，明明我们在现在，可是却无法存在于此时此刻，因为我们‘卡’在了过去。又或者，我们总是很担心，于是我们就活在未来。很多人其实并没有活在现在，而是在另一个时区，我们需要确认一下，究竟是我们掌握了时区，还是时区控制了我们？”

“把小时候的冲击带到现在，就是卡在过去；一直很担心，就是活在未来。”艾莉轻声重复着这两句话，像是在咀嚼其中的内涵。

“听你这么一说，的确很多人并没有活在当下，而是在另一个时区。但我们要怎么回到现在呢？要怎么留在现在这个时区呢？”

“你记得之前我们花了很多时间去体验的‘感官小旅行’吗？”

“嗯，记得啊，你带我重新学会了怎样更细致地看、听、尝、闻……有趣极了！”

“那就是在锻炼我们的‘觉察’。**当我们拥有觉察——现在我的感受是什么？想法是什么？期待什么？就是跟此时此**

刻的自己在一起。这个，就是活在当下，就是留在‘现在’这个时区。另一个重点在于，我们要去看一看，究竟是什么阻挡了我们活在现在？是一直没办法放下的过去吗？是一个没有被满足的期待或渴望吗？是一个卡住的想法吗？当我们可以认出它们，然后重新厘清和释放，我们就拥有了另一把‘改变的金钥匙’！”

陪你内心的小孩一起长大

“你说的‘确认和调整时区’，就是现在流行的那种说法——‘要记得照顾你内心的小孩’吗？”

“是，但也不完全是。我们的确要去看见、照顾并且疗愈这个曾在‘过去时区’里因为受伤而困住的内在小孩，不管在别人看来是大事或小事，对于当事者来说，那个‘受伤’以及‘受伤的强度’都是绝对真实的。”

“嗯，就像你在首尔遇到的那个女孩，看见了十岁生日时受伤的自己一样，对吗？”

“是啊！你看过电影《全面启动》吗？它其实点出了：我们的生命是一个‘主观感受’的世界，甚至连那个‘主观’都往往不是自己全面的经验，而是某些深刻事件印记下的‘偏执’。但是我们往往对此不知不觉，于是进而认知为一种‘客观的实相’……比如说，一个曾在小学、中学、高中都被霸凌的孩子，长大后，尽管已完全身处安全的环境里，善良的他却仍会抱持着一个自我认知——我是一个会让人不自在、让人害怕的人。而这个错置为‘客观真实’的认知，让他跟人相处时，永远是紧张疏离而且无法展现真实自我的。你也可以想见，他是多么地疲惫和孤单。”

“咦，为什么被霸凌的人会觉得是自己让人害怕、不自在？不是应该相反吗？”

“当我们受伤时，有一类人能把指责的手指向对方，但是个性太过善良，或父母的教养是强调‘反省自己’的人，就像那个男孩，当他因为不想父母增加烦恼，以至于长期孤单处在被霸凌的情况下，又怎么样都无法想出‘为什么一直努力与人为善的自己会一再被同学霸凌’时，最后只能归因于自己——我是一个让人不自在且害怕的人。一方面用这个答案为巨大的困惑与痛苦找到出口，另一方面也用这个答案成功地让自己离开危险的人群。”

“天啊！我好讶异！也觉得好心疼喔。”

“是啊，我们的内心机制，就是这样既强大又复杂的。一路长大的我们，其实真的很不容易啊！所以，我一直相信，即使是看来一切平稳安然的我们，也都值得为自己走一趟‘排毒’的心旅行，为自己创造全新的第三次诞生！”

“这不就是重新去照顾那个曾经被遗忘的内心的小孩？可是你又说‘不完全是’，这又是为什么呢？”

“现在很多人都说‘我们要经常去呵护那个内心的小孩’，也就是看见了那个被困在过去的受伤的小孩，然后要记得经常去照顾他。但这个还是未完成，如果停留在这里，会有潜藏的危险性。”

“潜藏的危险性？什么意思啊？”

“当我们看见那个受伤的内心的小孩之后，我们不再像当时身边的大人，比如父母，没有能力细致地看见他、适当地照顾他；我们也不再是当时还很幼小的自己，没有能力照顾他，只能用拒绝他、否认他的方式，只求生命的列车能够顺利地继续往前行驶。

“我们愿意开始去看见他、接纳他、疗愈他，但这同时也意味着并存了一个‘长大的、此刻的自己’，和一个留存在心里‘需要被呵护照顾的内心的小孩’。这将像是一种‘分裂的自我’状态，让我们困惑，也会分散我们的力量及自我认知。

“如果我们可以让现在的自己，带着长大后拥有的力量——爱的力量、智慧的力量、勇敢的力量，为自己带来疗愈，让过去的伤痕远离，对曾以为是实相的偏执放手，重新为自己做出选择。就像我在首尔遇到的那个女孩，她重新创造了自己与承诺的关系，也同时创造了与男友互动的关系。这是一个非常重要的完成式——我们把这个被完整接纳且疗愈后的内心的小孩，与现在的自己‘整合’在一起，告别过往，回到现在的时区，从此完整地存在。

“就像现在，我常常觉得自己是一个完整的六十岁女人。这个意思是，在我的内心，我拥有现在六十岁的从容，但也同时拥有三岁的可爱、七岁的天真、十五岁的勇敢、十九岁的活力、二十五岁的温柔、三十岁的干劲、四十五岁的成熟、五十二岁的智慧……我是丰富的，但不是分裂的，每一个年龄层的我，都真实而完整地存在于当下的我之中。”

“听你这样说，让我想起，就像大树的年轮一样……”

“是啊！这就是生命的丰富之美！”

苏青灰白头发下的笑容，天真且充满了活力！

认清被扭曲的情绪

和苏青一起做完了让身心都感到放松和被宠爱的 SPA 出来，两个人信步走到邻近的森林公园，一边享受着舒服的秋夜晚风，一边聊着。

“在冰山图里的这个名词太奇怪了，什么是‘感受的感受’？怎么听起来像绕口令一样啊？”艾莉忍不住提出了自己的疑惑。

“哈哈，你这个说法很好，我们的内在世界，有时的确就像绕口令一样复杂纠结啊！所谓‘感受的感受’指的是我们对于自己的某一些感受，会同时伴随着另一种感受，这往往来自过往家庭中父母的教养，也可能来自社会文化中的制式条约。让我举例说给你听吧！

“在华人社会中，常常期待一个女孩是温柔婉约的，于是很多父母在教养时，常常不允许小女孩‘生气’。因此，许多长大后的女人当面对自己的‘生气’情绪时，往往会伴随着不被接纳的‘羞愧’感受。但是对于小男孩，人们往往期待他

是勇敢活泼的，于是他们不被期待或不被允许‘伤心’。同样地，当他们长大以后，当‘伤心’的感受出现时，也会立刻伴随着不被接纳的‘羞愧’感受。这些状况里，‘羞愧’就是我们的‘感受的感受’。

“更进一步来说，我们往往可以接受小女孩伤心；也往往比较可以接受小男孩生气，于是你可以观察到：很多女人，会用次要情绪‘伤心’来表达自己的主要情绪‘生气’；很多男人，内在受伤了，却要用次要情绪‘生气’来表达自己的主要情绪‘悲伤’。”

“哇！你说得真的没错哦！我自己，或者我身边的很多女人、男人，真的都是这样的！”

“是啊！这都是一种内在感受的复杂转折，我们常说的‘恼羞成怒’，也是其中一种经过扭曲转折后的感受——看起来是‘怒’，其实深层真正的情绪是‘羞’。所以，也许我们表层‘愤怒’的感受之下，其实深层真正的感受是‘伤心’；表层‘紧张’的感受之下，其实深层真正的感受是‘开心’；表层‘生气’的感受之下，其实深层真正的感受是‘慌张’……”

像是一个解谜大师一样，苏青为艾莉层层剥开各种感受之下的真正感受。

“嗯，其他的我大概都能懂，但是，我不太懂为什么‘紧张’的底层会是‘开心’？”

“孩子，你没有听过父母或者老师总是用‘乐极生悲’这句话训诫小孩吗？曾经有一个女孩和我一起尝试厘清自己的‘感受’与‘感受的感受’的时候，想起了：‘小时候，好几次超级开心的时候，可能是因为我太开心、太放纵了，就招来爸爸大声的斥责甚至打骂。好像从那个时候开始，我就像是被通电的围栏电过的绵羊一样，开心和紧张是紧紧相连的。现在，我好像了解了，为什么我一直很少真正地开心，因为我一直觉得，开心是件危险而且让我紧张的事情……’也就是她对于开心这个感受，有一个‘感受的感受’——害怕，于是紧张这种情绪就凌驾而上地出现了。”

“呼，原来看起来很简单的‘感受’，也有这么多的转折啊！但是弄清楚这些，对我们究竟有什么好处呢？”

苏青微笑着说：“孩子，有没有一些时候，当文杰生气时，你解读的信号是‘他生气了！一定是我没做好，惹他生气，现在他要我远离一点，给他一些空间’，但其实他真正的状况是‘我的心受伤了，我觉得很难过’，你是不是能够真正地理解他？靠近他？

“或者，有没有一些时候，你在办公室里用‘哭泣’表达你的‘生气’，结果别人把你当成情绪化的弱者，而没有正视你究竟为何‘生气’？”

微微愣住了一会儿，艾莉开始点头如捣蒜。

“有！有！有！真的好多时候都是这样子的！”

“当我们开始能够觉察和辨别：这是我的表层情绪，还是深层真正的情绪？我们才能够真正地搞懂自己或者他人‘究竟怎么了’，也才能够真正做出贴切的照顾与回应，也才能让我

们更真实地与自己也与别人靠近。”

一个恍然大悟的表情出现在艾莉的脸上。

“这个‘内在冰山图’真像一台扫描机，可以呈现出这么多细致的内在状态！真的是太奇妙有趣了啊！”

知道自己到底怎么了

“来吧！今天我们来玩个整合后的立体冰山游戏，先让我们写几张字卡！”才一进门，苏青就一副早已计划周全的样子，兴致勃勃地跟艾莉说。

艾莉带着满满的好奇到桌上拿了一沓大纸卡和一支笔，依着苏青的指示，在不同的纸上大大地写下了“行为”“应对方式”“感受”“观点”“期待”“渴望”“自己”，再依序把纸放在地上。

大黄狗波波像是感染到这股兴奋似的，一边叫着一边跑前跑后地跟着。

苏青挑了另一张纸，写下“冲击的事件”五个字。

“来吧！说一件你和文杰之间发生的事，我们来看看你的内在冰山是怎么运作的。”

“吵得很凶的那种吗？”艾莉有点好奇，也有些担心。

“那倒不必，简单的例子就可以了。”苏青眨眨眼说，“一粒沙里见世界，细心地咀嚼你们的互动过程就能收获很多，不必太复杂的事。”

“嗯，就选那天一起看电影的事吧！”艾莉想到前几天才刚发生的事，打算趁机弄清楚自己的内在感觉。

苏青带着艾莉走到“感受”字卡前。

“当时你的心情怎么样？”

“刚开始很开心，后来有点闷。因为我和他都忙，只能电话联系或匆匆吃个饭，我们很久没约会了。可是这样很奇怪啊，好像很疏离。所以我希望和他可以有时间好好相处，一起看电影、聊天，这让我感觉我们很靠近。”

苏青拉着艾莉走到“观点”的纸卡前。

“所以你有一个观点或想法是，情人应该有时间好好相处，真实地靠近，彼此分享内心和生活的点滴。那后来呢？”

“后来……我们看完电影、吃完饭，他说公事还没忙完，就各自回家了。我其实还蛮希望他能懂我真的很珍惜这次难得的约会，结果从头到尾他整个人都闷闷的，最后还没发现我一点都不想那么早回家。”艾莉说着说着，有些落寞了起来。

苏青带艾莉走到“期待”的字卡前。

“文杰不知道你对这次约会至少有两个期待，一个是，你们可以没有时间压力，彼此专心地陪伴；另一个是，期待他可以懂你的心情，即使你没有说出口？”艾莉原本模糊的内心状况，好像真的清晰了起来。

“当文杰闷闷的，而且说还有工作要处理就结束约会时，你的感受是？”

再度移步到“感受”前面。

“我其实蛮失落的……也觉得伤心……”

“当时的你，怎么看待这个失落的自己？”

“我……觉得自己不被爱、很孤单、很可怜，我很讨厌这样好像在讨爱的自己，所以我开始生气！”

接着她们走到了“自己”前面。

“所以这时候，你对自己的评价是孤单可怜地在讨爱，自我价值是很低的，而你为这个自己生气？”

艾莉对苏青的话感到惊讶，很想反驳，但又觉得似乎没错，一瞬间哑口无言。

“很多时候，我们真正被晃动到的其实是冰山底层的‘自己’，也就是关于‘我是谁？我是一个怎么样的人？’这时候的你，外在行为上是怎么回应文杰的呢？”

“我心里很生气啊！可是，我也知道他最近真的很忙，所以不愿再多说什么，就同意各自回家了。”

苏青带着艾莉走到“应对姿态”。

“这时候，你在心里指责，但行为上你却体谅他、顺着他，这比较贴近哪种沟通姿态？”

“我在‘讨好’。”艾莉不情愿地承认。

“不过我也好奇，是什么让你心里明明有期待也有情绪，却不能说出口呢？”

“我……我觉得当女朋友应该温柔懂事一点，而且我期待即使我没说出口他也会知道啊！”

“哈哈，看来你有三个观点，一个是，女朋友就‘应该’懂事；另一个是，男朋友就‘应该’体贴；而且‘如果一个人爱我，就会体贴地懂我’。是这样吗？”

艾莉想了想，点点头。

“我真的觉得那种被爱的感觉很好。”

苏青带着艾莉走到了“渴望”。

“你期待被体贴对待，因为那会满足你对于爱的渴望？这里的爱不只是爱情，而是生而为人共通的、深层的一种需要，就像安全感、成就感、自由一样。”

“是啊，感到被爱对我真的很重要。”

听完艾莉的分享，苏青也很认同地说：“这对我也很重要，也有许多人用力追求这样被爱的机会。只是我们每个人的‘观点’里，对于‘什么是被爱’的认定不太一样。

“好啦，孩子，欢迎你参加这场内在冰山旅行，透过你和文杰前两天发生的事，在你内心好好地旅行了一遍，现在感觉怎样呢？”带着关心又兴味盎然的眼神，苏青问着。

“虽然头有点晕，但真的好奇妙！我好像第一次这么靠近自己的内在世界，看见每一个外在是如何影响着我，以及我的内在冰山又是如何相互牵动着。我还需要好好消化一下，但我真的喜欢这种‘知道自己到底怎么了’的感觉！”

“已读不回”的伤害

夏日午后总有突降的雷雨，就在第一滴雨落下时，艾莉跨进了苏青的屋里，避开了瞬间被淋得一身湿的狼狈。但她的脸上并没有因此显露开心的神色，反而充满了怒与怨，就像此刻乌云密布的天空一般。

“又来了！昨晚我传 Line 给文杰，他都没回！”一屁股坐在沙发上，艾莉迫不及待地跟苏青抱怨。

“这让你有什么感觉？”

“生气啊！会想：他到底在干吗？为什么不回？是不是已经不在意我了？还是他对我那天的任性不高兴？我被讨厌了吗？”

“你的意思是，你对你们的关系感到不安？你不确定自己在他眼中的价值？”

苏青微笑着，边说边递上一瓶玫瑰天竺葵精油。

“滴一点在掌心，轻轻摩擦后好好嗅一下。我们都会有高兴、生气、难过、失落……各种情绪起伏的时候，这很正常。

但重要的是，我们是否懂得安顿在这些状态里的自己。”

艾莉把脸埋进温热而芳香的双手，深深地吸了一口气，原本因生气和思索过多而沉重的脑袋，因为双手的温柔承接而有了一种温暖和放松。再深吸一口清甜的玫瑰香气，仿佛一股爱的能量流进了她原本紧锁纠结的心里。

吸气，吐气，吸气，吐气。几次吐纳后再抬起头，放松的笑容再次回到脸上，艾莉由衷地说：“帮自己重新充电的感觉，真好！”

“是啊，记得，先安顿身心，再开始整理事情！以前我也跟你一样，总是急着处理事情，急着向外确认爱是否存在。可是后来我开始懂得问自己：‘当我和自己相处时，有没有爱的感觉？我跟自己有爱的联结吗？’现在，当我觉得脆弱时，我会去摸迷迭香叶子，然后深深地吸进香气，这是我用来照顾自己的方式之一。疲累的时候，薄荷让我清新提神；焦虑时，我喜欢甜菊陪我，像是吃了块甜点般甜蜜；悲伤的时候，我会去吃日本料理，用紫苏叶一片片包住我爱的生鱼片，放进嘴巴里，鱼肉的冰凉柔润、紫苏的微纤维感及草木间的香气一起在唇齿间爆开、混合，复杂却迷人！”

艾莉听着这一切，才知道原来苏青也曾和她一样混乱焦躁、困惑无助，她也是一步步才学会现在的智慧、优雅和自在。

“真高兴又看见重新充电的你！来吧，让我们再次通过内在冰山图更清楚了解你的内在究竟怎么了！”

“我把冰山图简单画下来啰！”艾莉从包包里拿出一张小卡，打算认真地和苏青一起探索自己。

“嗯，文杰的已读不回，在‘感受’上是让我生气……好像不只是生气，还有伤心、失落、害怕。因为我有一些‘观点’是‘已读不回就是不重视我’‘不重视我，就可能是不爱我了’‘不爱我，可能是因为之前我太任性、我不好’。我‘期待他’重视我，我‘期待自己’是既懂事又可爱的，我想，‘文杰对我的期待’是懂事又温柔。我‘渴望’自己是……被爱的、安全的。最后，在冰山底层的‘自己’的状态，我看到……唉，就是一个自我价值偏低而且不稳定的我啊！”

“所以当你的心安定下来，就有能力借由内在冰山图看到自己内在一层层被牵引的完整脉络了？那么以后，你也可以更了解他人的内在图像与脉络了。”苏青带着欣赏的微笑看向艾莉。

看着苏青欣赏的笑容，艾莉突然想到文杰偶尔会背对她，说想一个人静一静，她似乎对那样的文杰有了多一点理解，好像很多时候，已经不再是“理我、不理我”“爱我、不爱我”这样简单的信息而已。她也突然惊觉，自己从来没有真正理解过自己、理解过文杰。

不过还好，现在她开始慢慢懂了……

回到内心的家

“我必须说，这一切真的很神奇！但我还是有很多困惑。比如说，我的这些想法究竟从何而来？我又为什么会有这些感受，甚至感受的感受？我好像也不容易看清楚我的渴望是什么，我又是怎样的一个我？不过，即使这些我都还不懂，但能看到冰山下的这些层面，还是十分奇妙。”

“奇妙而困惑，对吗？这也是我以前刚认识冰山图的心情啊！欢迎进入内在的小宇宙！从今天开始，你可以慢慢地在内在冰山里摸索探险！或许还可以期待有一场新鲜的星际之旅！”

“星际之旅？我喜欢这种说法。如果说，我一个个地认识了这些星星，最后可以拼出一个完整的星座吗？猎户座、天鹅座……”

“当然可以！就像这山里的星空一样，其实它们都一直高挂在那里，但是当你来到这里，才开始逐渐看见它们、认识它们。对你来说，这是一种什么感觉呢？”

艾莉的眼眶突然湿了。

“刚刚我心里浮现一个声音，它跟我说，是一种回家的感觉。”

“恭喜你开始回到自己内心的家。过去你一直觉得孤单，也许是因为你离‘家’太远了。”苏青说。

“你的意思是，我从来没有认识过我内心的这座冰山，是我自己内在被阻隔了，所以才会感觉疏离且孤单？”

“过去我体会到的是，**我们往往无法靠近自己、不了解自己，却渴望别人能靠近我们、懂我们。可是如果我们无法倾听自己的需求，终其一生，我们和这世界的关系都会有一层坚硬冰冷的隔阂，都会无法体会真正的喜悦。**”

艾莉点点头，好像开始体会这层意思了。

“你知道吗？好久以来我一直在为我的心找一个家，一直期待别人给我的心一个家。现在我不想再孤单、不想再一直找了，我想自己给自己一个家，就在我的心底，稳稳的、暖暖的。再也没有什么地方要去，我在哪里，家就在哪里。”艾莉缓缓地说着。

“今天，就是一个新的起点！重要的是，你愿意给自己陪伴的耐心和时间吗？你愿意慢慢开始走上这趟通往内在的星际旅程吗？你愿意慢慢去认出那一颗颗的星星吗？”苏青温柔而轻声地问着。

艾莉眼泛泪光，但嘴角扬起了一个浅浅微笑。

“是的，我愿意。我愿意回到自己内在的夜空，学会认出那些星星。我愿意慢慢地等待着，最后看见整张星图。我想，那是只有我才能为自己做的一件事。”

第七章 选择

当我们的内在状态是自在的时候，
也就是真实的自我，安稳的存在！
这个内在自在安然的我们，
就更有能力向外创造一个
“我在，你也在”、
双赢且美妙的关系！

摒弃不合理的期待

每件事都很重要，每个人都要顾到，艾莉快累死了，但还是得撑下去。

最近艾莉获得公司器重，负责了一个重要活动。可是好辛苦，除了不能辜负上司的信任和期待，同时还得费尽心力协调各部门参与的同事，希望他们觉得整个参与过程是齐心协力、过瘾且开心的。当然，她也不想让那些嫉妒她、等着她犯错、想看好戏的人得逞。

艾莉累得焦躁又无力，冲突状况发生时，她牺牲时间和心力努力摆平。昨天却发现，就算她愿意吃亏也摆不平争议，甚至还被两方嫌弃，既累又没收获，徒留骂名。

“你做了这么多，究竟想得到什么？”听完艾莉的叙述，苏青关心地提醒。

“我不就是希望大家都好吗？”

“所以你想讨好每个人？”苏青直白地点出了状态。

“也不是啦，我好不容易才有这个机会，得小心认真地做。”

对于苏青这么直接的说话方式，艾莉其实不太舒服，但知道是好意，还是缓和地回应。

“唉！你连我都在照顾，话说得那么婉转，生怕我不舒服或气氛不好。你不是来告诉我你累了，不知道该怎么办吗？”苏青叹了一口气。

被苏青这么一提醒，艾莉才看见自己真正的状况。颓坐在椅子上，发呆了一会儿才不好意思地问：“我真的这么过于讨好吗？看来之前你教我的，好像都还是没学好啊！”

“孩子，不是因为你不够聪明或不够认真，而是过去的旧模式已经重复快三十年了，全新的模式当然需要一次又一次地练习。当我们再度沮丧并自责的时候，需要做的是再一次跟自己说：‘我愿意爱我自己，我愿意带着耐心支持自己继续练习新的选择！’”

说完，像是想给艾莉最真实的支持似的，苏青坐到了她身边。

“别急，靠近自己、了解一下内在的自己怎么了，这会帮助我们安定。想想看，如果大家都很好，你可以得到什么？”

艾莉终于知道了，“我可以被肯定、被喜欢、被看见。”

“如果你觉得‘对自己的期待’是‘大家’都很好，会怎么影响你？”

艾莉想了想一直以来心底的“累”，突然很有感触。

“就是会把自己累死啊！也许，有些地方我做得太多、担心太多了！有些人、有些细节其实不必那么在意，有些事也不是我的责任，有些冲突更不是我的层级该处理的。”

“看起来，你也开始看见了‘希望大家都很好’其实是一个不合理的期待。**如果我们把‘大家都很好’当作是自己的责任或目标，就失去了人我的界限。学习建立界限通常是‘讨好’姿态的人的必修课，不过在你刚刚沉淀了之后，你其实看得到这些原本就应该存在的界限。**”苏青欣赏地说。

这下子艾莉知道该怎么做了，觉得松了好大好大一口气。

说出心底真正的感受

“不跟他人说出心底真正的感受，不是体贴，而是最大的冷漠。”

听到苏青这句话，一副难以置信的表情出现在艾莉脸上。

看着艾莉，苏青继续说：“有些人，比如像你这类很容易体贴别人、不喜欢勉强别人的性格，是不是常会把自己真正的心情和感受藏起来？明明心受伤了、期待了、失落了、渴望了、痛苦了……却还是不说、不表示，只是微笑？”

“嗯，有时候的确如此。但是，我一直以为那是体贴、懂事。难道不是吗？我只是不想要勉强任何人。”艾莉忍不住开口为自己辩解。

“我明白你的出发点是善意的，是愿意委曲求全，但是你能委屈多久呢？那些不说却又渴望被了解、被给予的蓄积能量，难道不会最终都在一个点上爆炸吗？而且，委曲往往求不了全。如果一直不表达心里真正的感觉或渴望，你觉察到在这个‘讨好’的反应姿态里，你放弃了什么吗？”

“放弃什么？”艾莉困惑着。

“放弃他？放弃你们的关系？还是放弃你自己？”苏青进一步探问着。

“讨好，是因为我放弃……”艾莉努力在心里摸索整理、沉淀发掘着。

“我放弃自己，因为这样我们就不会有冲突或压力，气氛也不会尴尬或紧张。”艾莉的声音里有一些哽咽。

“但是，我不知道我是在放弃自己，我一直以为我是在让关系更好……”

“是的，我明白你是真心想让关系更好、更和谐、更愉快。可是当我们放弃自己的时候，内在真正的感受是什么呢？你愿意去体会一下吗？”

“当我放弃自己的时候，我觉得很伤心、很无助，同时我也很生气。”

“这个‘气’，是对谁的？”

“对自己，也对别人，比如文杰。”

“就是这样。你不表达，或许是体贴、是懂事，但同时也是一种冷漠，一种在自己和别人之间筑起来的透明墙，没有人能跨越。很多人都有着不同的想法在支持自己‘不表达内在想法或感受’，比如你的体谅，或者有些‘超理智’沟通姿态的人总想让事情简单，有些习惯躲避的‘打岔’沟通姿态的人想让事情轻松。但真实的状况是，这些方式都没有让我们的沟通更好，都不会让我们的爱更流动，也无法为我们创造渴望的爱的关系、爱的联结。”

像是突然打开了一扇窗，一阵清新的微风吹了进来。艾莉感觉自己大脑里某个卡住的齿轮，“咔嗒”一声，松开了。

松开束缚你的“规条”

“如果我想要改变，不再使用‘讨好’这个工具了，可以怎么做？”这天，才一推开门，艾莉就忙不迭地问苏青。

“看来，你是真的想要改变了。”

“是啊！我不想再继续困在原有的模式里了。这么多年来真的好辛苦，我真的累了，我想要有个第三次诞生的自己。”

“恭喜你，也走上了这趟为自己创造新生的心旅程！这样吧，也许我们可以先从发现内在隐形规条开始。”

“内在隐形规条？这又是什么啊？”

“还记得上次你提到的，在你的脑袋里有一个‘我应该要善良’‘我不应该让别人失望’的想法吗？它是怎么样影响你说出真实的感受和期待的？”

“就是……好像一个禁令，让那些拒绝的话一到嘴边就又吞下了。”

“你知道吗？这种压抑和纠结之下，往往就是我们内在的一个隐形‘规条’——它可能原本是一个很好的价值观，可是不知不觉中，却变成了僵化坚硬的束缚，让我们失去了自在的空间。就像一件铁衣或铁口罩，让我们痛苦，也让我们喘不过气来。”

“咦，那该怎么办？我真的不想再穿戴这么沉重的铁衣、铁口罩了！真的好累！”

“别担心，我们只要更换材质就好啦！”

“更换材质？”

“是呀！衣服和口罩本身不见得不好，如果我们能把僵硬坚固的铁，换成具有弹性的布料，你觉得如何？”

“嗯，应该会轻松舒服很多！但是，要怎么换呢？”

“我们可以先从为自己的规条增加至少‘三个例外’开始。”

“三个例外？”

“是啊！首先我们要找出自己的隐形内在规条，试着用这几句话当钓竿，看看我们会钓出哪些规条大鱼！这几句话是‘我一定要……我必须是……做人就应该……’”

“你的意思是，比如说我上次钓起的就是‘善良’——我应该善良；还有‘不让别人受伤’——我一定不能让别人受伤？”

苏青用一个微笑表达了自己的欣赏，“你果然聪明而且反应敏锐！是啊，就像以前练习时，我钓起的规条大鱼就是‘负责’——做人就应该负责，还有‘不能任性’——我绝对不能任性”。

“好有趣喔！那接下来呢？我们该拿这些规条大鱼怎么

办？要清蒸它还是红烧它呀？”

“哈哈哈，我喜欢你用的比喻！接下来，我们就要透过造句练习游戏，来创造我说的‘更换材质’或你说的‘清蒸红烧’，也就是从心里改变它！”

“从游戏中得到改变的力量？我喜欢！”

“记得！第三次诞生之后，很多的新学习都不再是以前准备考试时的大脑运作，而是透过全身心的经验。游戏就是一种放松的体验，它是一种非常棒的学习方式！今天回家之后，你可以找时间完成三个这样的造句练习：‘当……的时候，我可以不善良。’当然，这个‘善良’可以替换成你找出的其他规条大鱼。”

“三个？应该不难！今天回家就来试试。”跃跃欲试的神情亮在艾莉的脸上！

改变，从自己开始

“天啊！怎么这么难？”

“什么事情很难？”

“就是找出规条的三个例外啊！我原本以为非常简单，没想到那天回家后，左思右想，怎么每个情况下我都还是不能让自己不善良！”

一个大大的笑容漾在苏青脸上。

“现在你体会到，我们的内在规条是个什么样的隐形大魔咒了吧！”

“真的！真的是个大魔咒！我想那力量，应该不输女巫下给睡美人的那个沉睡咒语吧！我花了好大的力气才解开！”

“你是怎么找到解开咒语的通关密码的？”

“刚好在我被困住的时候，易晴打电话来，就是之前我跟你提过我最好的闺密。她跟我完全不一样，是个性格超级直率利落的人。我把困难告诉她，没想到她噼里啪啦就讲出一大串可以不必善良的情况。”

“那你都可以接受，并且可以朗读出来，接纳并宣告成为自己的新宣言吗？”

“不能，好多都不能！但最后我还是找出了‘当对方是个坏人’‘当我的身心真的很疲累’……这些我勉强同意的状况。易晴说她真的会被我累死，不过后来我请她做练习时，她找到属于自己的规条大鱼是‘独立’，嘿嘿！她同样也很难找出三个例外好吗！很怪的是，这下反而轮到我轻松地说出一连串内容给她参考。”

“所以你也做了我提到的，把找到的三个例外找人做见证，听你宣告说出来？”

“嗯，我跟易晴轮流跟对方说了。”

“感觉怎么样？”

“很奇妙！好像内心轻松了一点。至少之后在这三种状况下，我可以不那么严格要求自己。”

“是啊，这就是在松开我们的内心之锚。即使我们无法完全丢掉它，但至少可以改变一下材质，为我们增加更多的弹性。心理要健康，拥有弹性，而不是僵固，是很重要的一大原则。**记得永远让自己有三个以上的选择，因为只有一个选择，会让我们僵住痛苦；只有两个选择，会让我们两难；拥有三个以上的选择，就意味着在我们心中创造出一个弹性的空间。**”

“我喜欢这个弹性的空间！就像来山上生活以后，日子都没有那么忙碌了，我好像才懂得什么是好好呼吸，当我可以好好呼吸——不管是身体或心理，都好像变得更有力量了起来。”

“是啊，我也感受到了。”苏青真诚地回应。

“你感受到我更有力量了？真的吗？可以告诉我从哪里感受到的吗？”

“你还记得那天你一来就说，你想要改变，不想再用‘讨好’这个工具了吗？”

“嗯，记得呀。”

“从你的那句话，我同时也听到了，**你开始把期待放在自己身上，决定从自己改变起，而不是放在他人身上，期许他们能懂得并满足那些你没说出口的期待。当我们愿意接纳‘期待属于我们自己’就是决定把力量放在自己身上！而这正是创造改变的最大契机！**”

深深地吸了一口气，艾莉两眼发亮地看着苏青。

“我喜欢这个有力量的自己！”

放宽爱的接收频道

“怎么了？我怎么感觉你的周围充满了问号？”苏青放下手中的牌卡，对着发愣许久的艾莉说着。

“这么明显吗？是哦，我是真的很困惑。上次你说：‘期待是属于我们自己的，不代表别人要为我们的期待负责。’这句话我想了很久，在爱情关系里也是这样吗？但是，如果我放弃了期待，就等于放弃了这段关系啊！”

“我不太懂你这句话的逻辑，可以再多说一些吗？”

“比如说，在我跟文杰的爱情关系里，我的期待就是希望能感觉到他爱我、在乎我，这在爱情关系里不是很正常的期待吗？如果放弃，不就表示我不在乎这段关系了？”

“我听到的是，你渴望在与文杰的关系里得到爱、感受爱，是这样吗？”

“是啊！”

“一定要用符合你期待的方式，才能证明是爱吗？”

“嗯……”艾莉陷入困惑与思考的整理之中。

“想要得到爱、感受爱，甚至分享爱，是我们每个人的共同渴望，但我们可以检视一下，是不是一定要‘满足我的期待，才是爱我的方式’？或者，除了向对方表达‘什么是我所期待的爱’之外，是不是可以有更多弹性、更多理解、并悦纳对方的方式？有没有可能在不同的方式里，同样得到爱的满足与快乐？毕竟你真正想要的是接收那份爱的存在，不是吗？

“想想看这个画面——两个彼此相爱的人，中间隔了一道高墙，然后两个人都坐在墙边哭泣……这道高墙有时是外在的阻力，更多时候其实是我们内心的阻隔。不自觉地困在对于感受爱的坚持与固着里，是我常见的高墙之一。而且这不但影响自己，对方也会感到压力，这不正是让我们远离爱，远离我们的渴望——靠近爱的一种迷障吗？”

“你的意思是，我们可以期待爱，但同时学习松开接收和感受爱的方式。就像广播一样，如果我可以接收的频率越宽，就可以收听到越多电台节目？”

“我喜欢你这个比喻，古典音乐、流行音乐、谈话性节目、生活信息、旅游分享……关于爱的感受与接收，原本就是这么精彩且丰富多元，不是吗？而且我们之所以会有那些坚持与固执，往往也跟过往的经验有关。”

“所以，如果我们愿意像那个改变后可以自在靠近‘承诺’的女孩一样，找到自己不自觉被控制的丝线，我们也可以拥有改变后更宽阔的爱？”

苏青用欣赏肯定的笑容取代了回答。

“就像……就像之前你说过的‘婴儿式的爱’，以前我期待文杰‘懂我没有说出口的需求或者渴望’，但最近的我开始可以为自己负责地说出来了。”一个恍然大悟的神情出现在艾莉的脸上。

“是啊！当我们看见了自己的期待，我们可以再进一步想想两个问题：‘如何才能实现我的期待？’或者‘为了实现这些期待，我可以做出什么样的调整？’我很欣赏你已经开始为自己的期待负责，开始试着对‘接收爱’这件事增加弹性。说说看，你可以多增加些什么呢？”

“嗯……以前我期待的是，我不说文杰就知道，但是以后……以后我会试着直接跟文杰说我的期待，但是我也愿意接收和聆听他的回应——也许他做得到，于是可以直接给我；也许他会跟我说他的困难是什么。”

“当你真的做出这样的改变，你猜，你为这段关系创造了什么样的不同呢？”苏青微笑着继续提出探问。

“我想，我内心小剧场里的戏码和独白应该会少很多吧！心情应该也会轻松、稳定很多！而且，如果我放宽了这个爱的接收频道，好像更可以让文杰对我的关心和爱流进来！”

“孩子，恭喜你，你找到方法剪断小木偶身上那条‘期待’的隐形丝线了！而且记得，当你们‘双向’表达之后，发现彼此的期待有差异，你们也可以开始进一步讨论，试着找出两个人最大交集的共同期待……”

“你的意思是，我们就会找到一个彼此都可以接受，也都得到某种愉悦度的‘共识’吗？”

“还不只如此呢！经过这个‘双向的表达与倾听’之后，你们也互相了解了对方‘最期待的图像’是什么。所以当你的能量特别好的时候，你可以满足文杰心底的那个期待；当文杰状态特别好的时候，他也很清楚能为你做些什么，这将是一种具有弹性的美好关系。”

艾莉的眼睛亮了。

一致性沟通姿态

“我有点困惑，之前你说面对压力时，无论是‘讨好’‘超理智’‘指责’‘打岔’都是因为内在的自己感觉不安全才采取的反应模式？”

“是啊，所谓的不安全，通常是指我们感受到‘自我价值’被动摇或贬低了，我们开始感受自己‘不被爱、没有价值、不自由’……你可以说那是防卫姿态，也可以说是求生存姿态。这四种反应模式不完全是负面，因为每一种姿态都锻炼我们具备某些特长。比如说‘讨好’的体贴柔软，‘超理智’的冷静思考力，‘指责’的丰沛生命力，‘打岔’的自由、幽默和创意。不过，如果就完整幸福的层次来说，它们都顶多只是得以生存而已。可是我们都值得拥有升级版的快乐和成功，也就是更高的幸福感，不是吗？”

“所以一个拥有‘升级版的快乐成功’的人究竟是怎样的模样？”艾莉好奇地追问。

“看样子你已经在预览这次心旅行的目的地图像了？记得

之前提过的四种沟通姿态吗？当我们决定为自己创造第三次诞生时，全新的目标就是‘进化版’的‘一致性沟通姿态’！简单说，它是一个在幸福全人图里活得完整的人，在‘自己’‘他人’‘情境’三个区块，它都能一致地平衡兼顾，既表达了自己，也能看见或理解他人，最后还会依据两个人的关系或身处的情境拿捏平衡。”

“嗯，听起来还是有点抽象，可以帮我举个例子吗？”

“比如说，那天我在咖啡馆，才坐下来没多久，刚好听到旁边一对情侣对话。男生说：‘如果你像她一样温柔就好了。’”

“哇！他找死吗？这样直接跟女朋友说，不怕后果吗？”艾莉睁大了双眼。

“哈哈哈！你的反应很真实。我们大部分人应该都会想，这下子女朋友要不就是生气骂人，要不就是委屈受伤吧！我也很好奇那女孩会怎么反应。结果那女孩一边很高兴地吃着波士顿派一边说：‘哈！原来你喜欢被温柔细心地对待啊？其实这也很正常啦，说实话我也喜欢啊！我的个性就是像巧克力一样直接、开朗的那种。不过，因为是你，以后如果可能的话，我也许可以偶尔为你放上一颗草莓喔！’”

“哇，这女孩太迷人了吧！连身为女生的我都觉得被她吸引了！”

“是吧？当下我也不自觉地对这个女孩投以欣赏的眼光！你看，在她的反应里，既听见了男友的期待和渴望（他人）；

又表达了对自己性格特质的欣赏和接纳，以及自在且诚实地表达了自己的限制与底线（自己）；同时也让男朋友知道因为他们的这段关系，让她愿意在未来多做一些尝试（情境／关系）。是不是全人图的三个区块都完整一致地平衡兼顾了？”

“原来你一直在说的‘完整’就是这样啊！”艾莉的眼里闪着喜悦的光芒。

“我相信，你一定慢慢也会拥有这种新反应模式的，不过除了从外在借助全人图帮助我们练习三个面向平衡一致的表达之外，你知道这个女孩拥有的内在关键力量是什么吗？”

“内在关键力量？那是什么？”

“安定的自我。或者更准确地说，是安稳的自我价值。如果一个人的自我价值是高的且安稳的，也就是内在自我是安稳的。在这种内心安全感充足的情况下，我们往往就不再需要升起防卫姿态或求生存姿态。就像这个女孩，当她内在的自我价值是安稳的，那么男友一句‘如果你像她一样温柔就好了’在她耳里就不会变成一个勾动内在不安——我不够好、你不爱我了……的挑衅句或昭告危机的警告句。”

“你的意思是说，如果我们内在的自我价值是高而稳定的，就可以拥有内在力量，即使在压力下，仍然可以在沟通时展现出完整幸福全人图的沟通模式？”

“是啊，这也就是‘自在’——‘真实的自己安稳地存在’的展现啊，也是我在这趟心旅程里，深深体会到并且想跟你分享的。当我们的内在状态是如此的时候，这个自在安然的我们，就更有能力向外创造一个‘我在，你也在’的双赢关系。”

“咦，那也有一个身体的姿势代表‘一致性沟通姿态’吗？那究竟会是怎么样的呢？”艾莉好奇地问。

“哈哈，我真喜欢你的好奇！来吧，让我示范给你看。”

苏青从廊前的椅子起身后，轻松自然地站着，艾莉也跟着跳起来，与苏青面对面，学着苏青的轻松站姿，然后等着下一步……过了好一会儿，苏青仍只是这样怡然地站着，没有做出任何新的动作。

“咦？然后呢？”艾莉疑问着。

“没有然后啦，升级版的‘一致性沟通姿态’就是这样的身体姿势啊！”苏青一边看着艾莉的困惑，一边笑着说。

“就这样？这么简单？”艾莉忍不住心中的惊讶，同时再仔细地看了看苏青。只见苏青自在地微笑着，双脚大约与肩同宽，身体放松但同时打开肩膀，让双手自然地垂放在身体两侧，安稳站立着，柔和中带着安稳的眼神平视着艾莉。

站在苏青的对面，看着这个简单又安然的存在，艾莉带着困惑依样画葫芦地站着。

她渐渐感到自己有一种放松感，原本因紧绷而轻浅的呼吸也慢慢变得自然、深沉，微凉的空气由鼻尖顺畅地进到腹部，然后充满全身。再往下，她清晰地感觉到双腿有力地支撑着自己，但有时也有点晃动。

“慢慢来，我们不急，只要体会呼吸的美好，体会你双脚的力量。还有，别忘了感受脚底的那片大地，它也同时在稳稳地支持你、滋养你。”

艾莉静静感受着这个既有力量又不太稳定的自己，似乎像清楚了些什么又仍然带着困惑的自己。

一切还在路上。但是，是啊，她可以慢慢来的。

第八章 上路

破晓的微风有秘密要告诉你，

别回去睡，

你必须寻求你真正渴望的，

别回去睡。

人们在两个世界交接处的门口举步不定，

圆形的门敞开着。

别回去睡。

——鲁米

上路吧，答案就在前方！

“所以，你现在有答案了吗？”

苏青把面团擀成圆形，然后刷上自制的罗勒番茄酱，再加上蘑菇、虾仁、德国香肠、红椒、黄椒、洋葱，最后熟练地撒上满满的奶酪丝。不过两分钟的时间，一个准备进烤箱的比萨已经完成了。

趴坐在长桌边上，原本沮丧的艾莉像是被苏青率性洒脱的做菜气势感染，忍不住起身加入。

“嗯，说实话，我也不知道答案是什么。那天跟文杰大吵之后到现在，还是厘不清自己该如何选择。继续这段感情吗？可是我已经努力了那么久，这段时间也改变了那么多，为什么我们还是会为了我是不是太依赖、是不是要求太多、是不是不体谅他而大吵？还是我应该认清‘我们真的不适合’，理智地按下停止键？”

为了平衡此刻沮丧的情绪，接过苏青擀好的饼皮，艾莉将它变成了画布。虾仁拼成两个圆眼睛，红椒接成微笑的嘴，洋葱是一头微翘的卷发，德国香肠成了高鼻子。

“但是，现在我决定不想了！下个星期公司要派我出国开会。昨天我跟旅行社联络了，我把班机提前三天，也先上网订了一间看起来很美丽的小旅店。我想独自上路，给自己一个单独的小旅行。”

艾莉手中的动作没有停，淡黄色的奶酪丝像花雨般落下，比萨笑脸朦胧而隐约了起来。

“也许，答案会在路上等着我吧！”

艾莉刻意以用力并略带笑意的语气，驱走内心存有的疑虑，也好像是在为自己打气，正向加强话里的肯定力量。

才说完，一抬头，看见苏青同样微笑的脸，眼里、笑容里，满满都是理解和支持的光芒……

你可以去往更远的远方！

秘鲁，南美洲，一个全然新鲜的世界。

飞机降落首都利马的时候，艾莉透过机窗望出去，清晨微煦的阳光清透透地照在跑道上，薄雾中，像是一条隐隐往前曳洒而去的淡金色大道。

出租车扬长而去，她拉起行李箱、背起大肩包，走进小旅店。也许是因为时间还早，接待柜台空无一人。按了服务铃，没多久，“抱歉，让你久等了”。一个长得又暖又开朗，棕糖肤色的女孩匆匆从二楼跑了下来，熟练地接过她手上的网络订房单，开始办理入住手续。

站在一旁的她浏览起四周，柜台旁一沓又一沓五彩缤纷的观光手册看起来如此吸引人，其中一幅神秘绝美的图吸引着她的目光，是山巅消失的印加古城——马丘比丘。出发前她也想过，这次是不是有可能走访一趟？但在网上查过资料后，实在是太远了！三天应该去不了，“也许等下一次吧。”她心想。

可是现在看到了，艾莉仍忍不住在心中轻叹。

“你可以去这里走一趟。”像是听见了艾莉心底的叹息声，棕糖女孩说。

“嗯，我很想。但三天后我就要在这里开会，应该来不及。”

“三天后吗？可以的！如果你今天出发，三天后刚好回到利马。现在才早上八点半，还来得及赶上每天中午出发的旅行团，要不要我帮你问问看是不是还有名额？”

“有可能这次就到马丘比丘？”

她被这个突然的想法微微地震晕了，不知何时已经向女孩点了点头。

接下来，就是一段恍惚的时光。

女孩先是打电话询问，由于承办人员还未上班，剩余机位不明，最保险的方法是十点到旅行社走一趟。

“你可以先在这里吃个早餐，旅行社不远，我画地图给你，走过去大概十分钟就到了。”棕糖女孩脸上漾着暖意无限的笑容。

“马丘比丘真的很棒，每个人一生中至少要去一次。你从那么远的地方来，我相信马丘比丘之神一定会祝福你的。”

女孩的语气里，满满溢出的不是营销意图，反倒像是分享一种虔诚的信仰，甚至还有一种对于同样身为女人的她独自上路的陪伴与支持。

街边小旅行社里，拥有南美民族明朗笑容的中年女士在一连串忙乱的电话往来后，挥汗递给她利马——库斯科来回机票、库斯科住宿券、库斯科—马丘比丘来回火车票。

“你很幸运啊，这是今天最后一个机位，每天从全世界涌进好多人，都想一睹马丘比丘的神秘面貌！祝福你在那里得到最大的启发！”

不知是不是来自血液里印加民族对太阳神的虔敬基因，女士的脸看起来像是一朵绽放的向日葵，用一个带着泥土味的饱满笑容带给艾莉祝福和力量。最后还殷切地提醒她：“别忘了，中午十二点，车子会到旅店门口接你去机场。”

再度走回旅店，进房洗了个澡，休息一下，用手提旅行袋装了简便的三日游衣物。中午时分，离开房间，棕糖女孩帮她寄存了行李。

坐进接驳车，艾莉看着车窗外倒退的利马市区街景，想着这半日间的巨大转变，心情恍惚了起来……

“我真的要去那个消失的天空之城了吗？我真的可以一个人，走那么远吗？”

后退，是为了前进

火车沿着山势蜿蜒上行，到了某一段突然减速停止，接着开始后退，退了一段又再度停止，然后前行……

她不太懂是怎么回事。

“是火车出状况了吗？”她想。

身边一个也是独自旅行的阿根廷男子看出了她的疑惑，热心地用英语配合着肢体语言让她明白——为了克服过度陡峭的山势，所以这条铁路在这一段必须采取“之”字形的方式前进。前进一段、后退一段，再前进一段、后退一段。

“后退，是为了前进！”阿根廷男子最后这么解释。

艾莉听了心底一亮！

她想起出发前，在苏青家气呼呼又沮丧到了极点的爆发。

“为什么我学习了、改变了，跟文杰的互动却还是像以前一样？为什么不管我再怎么努力，都没办法跳出这个旧模式的循环！”

苏青仍是一派安然，递给她一杯茶。

“**改变，本来就不是我们以为的直线前进，而是像贝壳切面的螺旋形，需要慢慢地、慢慢地盘旋而上。有时因为螺旋层太紧密，没发现自己早已往上走了一层，反而会以为一直停在原地。或者，有时你会前进两步、后退一步，又前进三步、后退两步。这，才是改变的真相。重点是，我们愿意给自己一份耐心和等待吗？记得，爱，是愿意等待！就像有些花在春天开，有些花在夏天、秋天开，也有些花要等到冬天才会开。**你是不是愿意持续地浇水、施肥，耐心地陪伴等待它开花的那天？这，就是我们可以给自己的爱。”

脑海中正回味着这段画面，火车已在几次来回的前进后退中，克服了最陡峭的山势，开始慢慢加速前进。

随着穿着南美传统服饰、肩背大型货袋的妇女小贩在月台等待的身影出现在窗边，火车进站了……

不再害怕一个人

从火车站再转乘巴士，下车时，她感到脚底飘飘乎乎的，说不清是因为长途的旅程，还是因为自己身处梦一般的群山之间。

走在石头古城遗迹与梯田错落的山巅，放眼望去，四周群山环绕，在这个最接近天空的地方，艾莉将手轻放在古墙石块上。闭上眼，一股石头的冰凉感立刻透进心里。

细细地抚触着，她想起苏青曾经跟她分享的一段话。

“我很喜欢一位心理大师说过的话……有一种说法：**人有皮肤的饥渴——主要是因为人有太多禁忌而不去触摸所致，如果我们更常使用触觉，我们的身体、神经系统、与人接触的满足感，以及我们的创造力都会大为提升。**”

她试着用心聆听这些千年石块的声音，听着听着，听见的却是自己的心跳声。

先是微微的，逐渐越来越清晰、越来越大声。

她从来没有这么靠近过自己。

张开双眼，高山上清透的风吹拂而过，老鹰在湛蓝晴朗的高空中盘旋，上方不远处，弧形石块整齐堆砌如谜似幻的太阳神庙遗迹孤独矗立。

她一个人，没人陪伴，没人可以交谈分享，但是她第一次感受到，一个人的时候，竟然不再是一种害怕与孤单的感觉。

她一直记得《为自己出征》里一个荒谬却又真实贴切的隐喻："梅友仁！"

这么多年来，她知道自己一直如同书中那个人，不断大声呼喊着："梅友仁，你在哪里？梅友仁，你快出来！"

明明知道"没有人"了，却还是拼命地呼喊着。

她知道，可是她无法不寻找。

"我知道我很傻，但是这样可以避掉我最害怕的一件事：我是一个人，我是孤单的。"

她不知道如何在明知道没有人的情况下，不渴求、不呼喊着梅友仁的现身和陪伴。

方才刚走进马丘比丘时，阿根廷男子曾体贴地想帮她拍照、与她同行，但她巧妙地婉拒了。她知道也熟悉，那个柔弱的自己可以得到关照，但这次她不想要这样了，她想靠自己的力量站立，想把力量放在自己身上，而不再是放在"寻找一个有力量的人"这件事上。

究竟是什么让她不同了呢？

她说不太清楚，是这个山巅古城的石块传达给她坚毅的力量？

是古城背后仿若鼻梁高耸的印加武士的那座山陪伴了她？

还是旅店棕糖女孩跟她说的“马丘比丘之神会祝福你”？

或者是过去几个月来，苏青和她分享的点滴——与自己联结、五感打开、探索冰山、全人图、讨好姿态、指责姿态……

她坐着，在山巅，在群山之间，在神秘石块的环绕里，闭上眼，和自己一起。

她终于听懂了苏青曾经跟她分享的一个概念。

“每个人一生只有一个任务，就是成为你自己。如果你无法倾听自己的声音，终其一生你和这个世界的关系，都会隔着一层坚硬冰冷的隔阂，无法体会真正的喜悦。”

她感受到，属于自己的那个曾经坚硬如石块的隔阂，就像这些倾颓的石块一样，慢慢松开了。

站在山巅上，她张开了双手，拥抱这山、这风、这古城、这天空，然后双手交叉环抱，这一次她终于懂得紧紧拥抱自己。她终于理解苏青说过的这句话：“单独和孤独不同。单独，是一个人的丰富与完整；孤独，是一个人连自己都无法联结的匮乏与孤单。”

艾莉知道，她终于从孤独走向了单独。

带着山与天空赠予的礼物，她知道，她可以下山了。

遇见另一个自己

当阳光透过窗户斜照进房间时，才醒来的艾莉还处在一种迷蒙恍惚的状态："现在我到底是在哪里呢？"

揉揉眼，稍微回神之后，才想起属于她的马丘比丘已成昨日记忆。一股脑儿翻身下床，匆匆梳洗，在傍晚的飞机返回利马之前，她还有时间到古城库斯科晃晃。

库斯科，距离马丘比丘最近的一个城市，无论健行登山或搭乘山行火车，旅人们都会先聚集到这里。

走在刻印着时光纹理的石板路上，人群熙攘，广场上，刚好遇到某个特别的节庆游行，整个小城热闹得像是梦境。

昨天才从马丘比丘下来，如此饱满的一趟旅行，只有自己和天地对话，重新回到热闹的人群里，艾莉似乎需要一点暖场回神的时光。

坐在广场露天咖啡座里，充满南美风情的亮黄色咖啡壶、咖啡杯，鲜艳的水果，再加上朗朗晴空、放眼望去鲜艳的民族衣饰、热情活力的喧哗声……这些充满生命力的影像与声音，逐渐安顿了艾莉的心。

“又回到生活里了！”她心想。

但同时心底也有另一个声音响起。

“一切都不太一样了。至少，在心里多了一分‘自己陪伴自己’的感觉。”

她感到心里像是有了锚似的，很定、很稳、很愉悦。

正当嘴角漾起一抹微笑时，一个灵巧稚嫩的声音在耳边响起。

“你要不要买这个？你戴起来会很漂亮喔！”

顺着声音转头望去，一个八岁左右的小女孩右手捧着一篮手工编织饰品，空出来的左手正拉着她的衣角。

她看了看那些颜色鲜丽的编织手环，映着小女孩脸上的灿烂笑容，在蓝澄澄的天空下定格成一幅美丽图画！

也许是因为贫穷，广场上密布着许多身着印加传统服装的儿童小贩，穿梭在游客间兜售着各式纪念品。

“究竟是什么让这个小女孩的笑容里没有疲惫，却饱含着光亮呢？”

正当艾莉好奇思索时，像是与她呼应似的，小女孩的眼中也同样闪着好奇。“好奇”仿佛成了她们之间共同的通关密语，透过简单的英文交谈再加上肢体语言，她们竟奇妙地在某个频道联结了起来。

先聊着篮中的各式手工编织品，然后是女孩的家乡、家人。艾莉听着小女孩叙说着这古城的点滴，还是很稚嫩的声音，也夹杂着她有时无法理解的语句。可是，好像有些什么共鸣在她与小女孩之间存在着。

曾经，艾莉也拥有那样充满好奇的眼神，对于和大姐姐相处聊天充满了渴望，也曾温顺而努力地完成父母的期待。这样的心境，好熟悉、好熟悉。

艾莉用心并慢慢地和小女孩聊了起来。别的孩子开始追逐其他观光客，只剩角落里的她们比手画脚交流着。

后来，小女孩像是忘了自己的小贩角色，问起黄皮肤、黑头发的艾莉“来自哪里？”“台湾岛在哪里？”“海长得什么模样？”“你们都吃些什么？”

小女孩向往着艾莉口中的鱼贝海鲜、不同的生活方式。这一刹那角色倒换，仿佛艾莉是导游，女孩是观光客。对于山城里的孩子而言，那样的食物、那样的世界无一不充满了新奇。这些点滴都在小女孩心中种下了一颗向往的种子。

“这样吧，你带我去吃午餐，告诉我什么是这里的特色食物，我请你一起吃，当作是介绍的费用。”艾莉笑意满满地提议着。

女孩看来有点愣住了，接着一抹开朗的笑容出现在脸上，“好！”

她和女孩就这样一起享受了一顿传统的秘鲁美食，她也在交杂着英文、随手画图及比手画脚的各种沟通表达方式里，分享了更多关于这个古城、关于这个小女孩的生命故事……

人与人的相遇，是生命的相互引动

夜晚时分，从旅馆阁楼的窗户望出去，远处群山如画，艾莉忘不了小女孩和她的对话与身影。

是什么勾动了她呢？

她喜欢也心疼小女孩的懂事，更欣赏小女孩的开朗，生活的压力似乎没有在她身上留下太多阴影。当她带着艾莉到广场另一头去找忙着编织的妈妈；当她一把抱起躺在妈妈身旁简陋摇篮里的妹妹；当她熟练又关爱地唱起歌来摇晃着婴孩；当她走在小路时顺手拔起路边小白花送给艾莉；当她开心地吃着对她来说应该是难得的美食；当她喝下一大口汽水后，脸上满足开心的笑容……

艾莉没有看到剥夺，反而看到小女孩选择用懂事来应对这样的生活，艾莉看到快乐、看到善与美。

艾莉不禁感慨：“小女孩是用什么样的生命力来面对生活？”

而自己呢？一个快要三十岁的女人。

她很开心能带小女孩走进广场边的餐厅，小女孩兴奋地在二楼靠窗座位上看着熟悉的广场，而艾莉则开心有人陪伴分享这古城的点滴。

当她看见小女孩好像不管生命与生活给她带来什么，都依然有着单纯而饱满的快乐和活力时，她好像也看到自己一路走来，尽管摸索着、困惑着，却依然是如此努力前进着……

想到这里，她开始找出笔记本电脑写信给苏青，她要把马丘比丘带给她的震撼，还有与小女孩的奇遇都写下来。

这几天的触动都随着她的手指在键盘上敲打下来：

此刻，我想起道别时小女孩黑溜溜的大眼睛看着我，跟我说："我会记得你的，我的中国朋友！"

那个熟悉眼神的触动，似乎唤起了我心中的一些什么……

我突然感觉，好像是过去那个八岁的我，陪伴了现在三十岁的自己；或者，是现在快三十岁的我，回去陪伴了八岁时那个懂事却也单纯乐观的我。

我突然明白了，我对小女孩的欣赏与心疼，其实都是我对八岁自己的欣赏与心疼。

我也体会到，为什么之前你一直带着我做的"打开感官"这么重要！

体会到了之前你一直问我的："你如何经验你的生命？你如何经验大大小小的事件？"

这次，当我到了秘鲁这个全然新鲜的地方，我开始运用新的自己。果然，当心是开的、眼睛是亮的，当我整个人跟世界是有联结的，尽管过程混乱，但有了全新的美好经验。

当我体会到自己能够陪伴自己，我的内在好像突然也变完整了。我感到很暖、很有力量，也感到安定、宁静，同时也感到快乐。

这种又快乐又安定的感觉，就像是……就像是回到了家。

然后我才知道，原来，以前我一直向外寻找完整，寻找一个能够和我拼成一个圆的“属于我的另一半”，不都是这么说的吗？我的姐妹们也总是说：“先把自己过好，上天才会让我遇见对的人。”

可是不管我怎么努力，认真工作、学习、运动、上课、旅行、享受朋友圈的支持和分享……我的心底好像还是有个洞，觉得空虚、不安全、失落。就像沙漏，沙子再满都会随着小洞逐渐全部流光，即使我再把它反过来，过不了多久还是会流光，我好像就在这样的反复里，交替“饱满着、空虚着，空虚着、饱满着……”永远没尽头。

但是现在，我却有了截然不同的感觉，好像当我可以陪伴自己的时候，那个细洞就被补起来了，而这样“内在”安定饱满的我，也就更能与“外面”的世界交会。

这让我想起你曾借我一本小书，扉页上写着：“人与人的相遇，其实是生命与生命的相互引动。”

我也记得，在和你一起展开这趟心旅程的时候，你说这是一趟从“里面”走向“外面”的旅行。这段时间，我的确不断地在自己与他人之间来回练习，但此刻，我想我是真的准备好向外走了。期待回到台湾，期待见到文杰，我不再害怕跟他靠近，不再害怕爱里会有伤害，我想和他一起经历爱里的所有练习。

我也期待见到你，想跟你说，谢谢你，我很爱你。

我也想跟我自己说："谢谢你，我真的很爱、很爱你。"

第九章 定锚

在这个练习的阶段，

我们需要的只是“落实成长”。

改变是可能的，

但落实你的成长要靠不断地练习，

练习再练习。

这个逐渐摆脱旧习惯、迈向新阶段的过程，

让我们的心之船，

重新“定锚”在全新的位置上！

发现自己“未满足的期待”

“呼！增加弹性，感觉真的很好啊！”

在市区一家以创意菜闻名的餐厅里，吃完晚餐后，艾莉一边吃着餐后甜点草莓覆盆子冰沙，一边跟苏青分享。

“上次你让我体会到，爱，才是重点，而不是方式不是重点，所以我开始打开更宽的接收频道，去体会文杰给我的‘爱的音频’。这段日子，我真的看到、感受到更多他以他的方式给予的爱，这让我感觉很暖、很甜，也很珍惜。其实，这些都一直存在着，只是过去我似乎太坚持那几种‘我的方式’，所以不小心都过滤掉了。可是我也很想诚实地跟你说，我发现有些期待真的很难放弃啊！”

“我看见你愿意也有能力开始调整自己，享受着为自己打开并接收到更宽阔美好的爱的风景，但在这同时，你好像也愿意诚实地看见自己的需求，以及随之而来的挫败感。”

“是哦，我是这样，没错！”艾莉的脸上浮起了被懂得了之后的轻松笑容。

“关于‘很难放弃的期待’，你可以举个例子吗？”

“最近我对文杰的‘期待’比以前已经减少了许多，但我还是很希望在我生病时他能陪我，这个期待很过分吗？我怎么想都不明白，为什么这种时候他都能因为工作而丢下我？”

“当我们生病的时候，身心的确会特别脆弱，所以有这种期待也是很人性、很能理解的。只是我们要去看一看，这个期待有多大？对方真的有困难做不到时，我们的挫败感又有多大？如果是到了毁灭一切、完全无法承受的程度，那么我们可能要去探究，究竟为什么这个期待会如此强烈？很可能，这曾经是你过往生命里一个很深刻的‘未满足的期待’。”

“未满足的期待？”

“是啊，比如说小时候曾经有一次非常深刻的失落与伤心的经历，有时候就会绊住我们，让我们‘事实上的现在’被‘观点中的过去’严重干扰影响了。就像一个没有拆除的巨大地雷，多年来一直留在那里，我们忘了它的存在，也没有好好清理那些囤积的巨量火药，于是每次只要踩到引线就会引起惊天动地的大爆炸！所以，也许我们需要去看一看，你的‘爱我，就应该在我生病时陪我’是一个合理的期待，还是一个会毁灭一切的大爆炸呢？”

“嗯……是原子弹等级的大爆炸！”

苏青大笑：“原子弹等级！我好欣赏你的自觉和诚实啊。如果我说，这是一次联结到过往未拆除地雷的失落和伤心的经历，你直接联想到的是哪一段记忆呢？”

“印象很深的是小学五年级的时候，一直都很健康的我发烧住院，妈妈说要回家照顾妹妹，让爸爸请假来陪我。可是他来了没多久，看到我好一点后就要我乖乖待在医院，他要赶回公司上班，因为还有好多事得处理，让我有事就找隔壁床的阿姨或护士，还说妈妈晚一点也会过来……”

“你的回应是？”

“我跟爸爸说‘好’。”

“可是你没有说出的真心话是？”

“爸爸走了以后，我一个人躺在病床上，点滴针头弄得我好痛，我觉得很孤单、很伤心，也有点害怕。我心里想，平常我已经那么乖、那么懂事了，为什么连我生病时都还是不能陪我？我知道妈妈要照顾妹妹，我知道爸爸工作很忙，可是我还是很希望他们陪在我身边啊！”

“所以你在五年级就让自己成了一个小大人去体谅爸妈，却在心底留下了对于爱与陪伴的深切失落和伤心？而现在，这成了你和文杰之间的巨大隐形地雷。我猜想，当文杰踩到这个来自‘观点中的过去’引信时，如果没有过往囤积的大量火药，也许你也会因为没被陪伴而生气或伤心，但应该不会是你所形容的原子弹等级的大爆炸。”

讶异的眼神出现在艾莉眼中。

“是哦，好像真的是这样。那我该怎么办？”

“当我们发现那个大地雷式的期待，是跟我们过往‘未满足的期待’与‘观点中的过去’相关联时，我们就要负责地透过看见并清除过往地雷来减少囤积的火药量，负责地不让‘隐形大地雷’一再毁灭我们的亲密关系。在这同时，我们也可以让对方了解这个过往故事，让他理解为什么这个期待对我们而言如此重要。不过，这并不意味着对方一定要完全满足我们的期待。”

“因为如果是这样，在那个幸福完整的全人图里，又是只有‘自己’没有‘他人’的‘指责’了，对吗？所以如果我跟文杰说完这个故事，我也会想听一听他的回应。”艾莉接着说。

苏青掩饰不住自己的欣赏，微笑着。

“当我们说出了自己的期待，也会愿意去倾听对方是不是有什么限制与困难，让彼此都互相被听见，这才是沟通。我们知道彼此的期待，同时也能倾听、接纳彼此的限制。最重要的是，我们愿意互相陪伴、支撑着往前走。”

停顿一下，苏青吃了一口千层香草苹果塔。“香草和苹果合在一起的滋味好棒！我实在太爱甜点了，总能让我立刻补足幸福的饱满能量！”

细细品尝口中的甜美滋味后，苏青继续说：“然后记得，在你状态好的时候，也试着去了解文杰在过往脉络里，属于他‘爱的重要期待’是什么？你们除了自我负责地清除过往的火药库外，也能够知道对方的最深期待，于是，你们就能彼此给予对方最需要、最有满足感的爱的期待。”

“天啊！我好像听见了一种既表达自己又真正靠近对方的互动方式。这就是你以前说的‘我存在，你也存在’吗？这样的关系真的好美！”

“哈！太好了，现在你开始慢慢体会到了。记得，不是符合‘在爱里期待的方式’让我们感觉被爱，而是‘真诚分享、彼此陪伴’让我们感受到爱的联结。这就是既独立自我负责，又互相支持联结的成熟之爱，也就是两个完整的人的美好相遇！”

“既自我负责，又互相支持联结……”

艾莉重复着这句深深打动她内心的话。

她的心，像是一阵暖风拂过，冰山，开始融化了。

聚焦在共同愿景，而非问题

这天黄昏的自行车旅程，艾莉一路骑得飞快。

苏青不疾不徐地骑行，到折返点小公园休息时，早已等在那里的艾莉递给苏青一袋红亮的小西红柿，同时苦恼地说："我不想当不讲理的女朋友，可是每次看到文杰跟他妈妈或家人相处得那么亲密，就让我忍不住觉得烦躁……"

苏青丢了一颗西红柿到嘴里："这小西红柿也太甜了！你尝过了吗？"

艾莉既困惑又好奇苏青脸上那股幸福的滋味，于是伸手拿了一颗。

"嗯，真的很甜，我刚刚都没有注意到……"

"太好了，你终于稍微远离那烦躁了。有时我们若一直站在龙卷风里，除了一起跟着高低起伏的混乱眩晕外，什么也做不了的。"

"真的！刚刚的我，好像一直处在脑中的龙卷风一样！"

艾莉也忍不住笑起来。

“来吧，回到你刚刚说的，你觉得文杰和妈妈及家人的亲密会怎样影响你们？”

“我怕婚后会融不进他们的圈子，我……会像个外人。”

“这种被排拒在外、像个外人的感觉，熟悉吗？”

“哈，我知道你在提醒我要去看看这是不是另一个‘未满足的期待’！”

“果然聪慧！”苏青轻轻地拍了拍艾莉的头。

“如果是，就去好好照顾那个曾经的失落，然后我们就能把那个爱与安全感的渴望池子的漏洞塞住，而不是继续让它呈现始终填不满的无底洞状态。如果你觉察检视了，发现那里不是一个无限囤积的火药库，也不是一个无底洞，那么就跟现在的不舒服待在一起，好好地陪它、看它、厘清它。不过，我好奇也关心，当你看见文杰对妈妈的孝顺，真正让你感到伤心的是什么？”

“是……我被冷落了。”

“你期待能跟文杰更靠近、更亲密？”

“嗯。不管文杰跟他妈妈多靠近，如果我跟他是靠近、亲密的，那我应该会安心很多。”

“所以你们的主要课题不是文杰和妈妈的关系是好是坏，而应该放在‘你和他之间，如何创造更好的爱的联结。’我这样说，你同意吗？”

“咦，没错。好像龙卷风把我的焦点带偏了！”

“哈哈，别随便跟着龙卷风跑！你应该聚焦在你和文杰的关系上，想一想你们可以怎么做？哪些是你们拥有的？哪些又是可以继续创造的？我曾经读过一句很美的话——‘聚焦在共同愿景，而非聚焦在问题。’这句话让我在这些年的关系里收获满满，也创造了真实而美好的图像。”

夕照温柔又美丽地斜洒在小径上，艾莉笑着说：“这次，我会慢慢地一边享受夕阳一边骑回家了。”

是“放下”，不是“放弃”

夜晚时分，适合红酒。

“在你的经验里，关于爱、关于关系，还有什么是你觉得很重要的？”艾莉轻啜一口红酒，好奇地问着。

“我一直觉得，熟年和青春一样，也是一种美好！不再一直追寻着‘要什么’，而是可以开始知道‘不要什么’。”

晃了晃高脚红酒杯，透着光，欣赏着紫红醇厚的色泽，苏青继续说着：“同样地，知道在关系里有什么是可以解决的固然重要，知道有什么是不可改变的，其实也同等重要。”

看着艾莉困惑的表情，苏青又补了一句：“你知道有哪些事情是不可改变的吗？”

“嗯，不可改变的……应该是过去已发生的事。”

“是啊，例如上回你提到文杰和妈妈的母子情感很亲密，你可以看见文杰对妈妈的孝顺，有他过往在家庭中成长背景的脉络吗？”

“我知道他一直很想代替不负责任的爸爸照顾妈妈，想安慰辛苦又伤心的妈妈。”

“你猜，如果他这么做了，他会怎么看待自己？”

“嗯……他应该会觉得自己长大了，是个有能力、有价值的人。”

“是呀！所以你可以进一步看见，在这份孝顺里，他要的是什么了。他的孝顺，一方面是当年他对自己的期待——我有能力保护妈妈、照顾妈妈。另一方面，是他肯定自己、看见自我价值很重要的部分。如果多了这些角度的发现，对你来说会有什么不同？”

“呼！我好像能够更加理解为什么孝顺对文杰这么重要，为什么他会这么在意妈妈。我好像也会更心疼他，甚至为他感到骄傲！”

“你能体会到这些，真的很棒！家庭对我们的确有很重要的影响，我们每个个体都是在家庭的系统中被形塑影响长大的，如果能打开视野多看见这部分，将能带来很大的帮助。比如更深入地理解自己、理解别人，甚至可以更容易地看见我们所拥有的内在资源。当你对文杰的过往有了更多理解、心疼与骄傲之后，再加上之前我们讨论到的——我们如何在无法改变的事实之中，创造爱的联结？而不是让过往直接负面地影响现在的关系。我也好奇，你会多看到或体会到什么呢？”

“我一直很喜欢你说的这句话——‘**我们不一定要改写过往，但我们可以创造现在和未来！**’刚刚当我感觉到自己不只是心疼他，也为这样的他感到骄傲的时候，我就好想站在他的身旁当他的亲密伙伴，而不是站在他的对面当个抗议者或渴求爱的小孩。现在我感受到的是，我理解了文杰，他的孝顺就不会再牵动联结到‘我不重要’的不安。这段时间我也学会了真诚勇敢地表达自己，所以我会跟他说，我有一份想和他紧密联结的渴望，我也愿意和他一起讨论协调。”

一个豁然开朗，既稳定又开心的笑容出现在艾莉脸上。

“是啊！如果文杰就像一台要加 98 号汽油才能跑的车，妈妈是他的一个加油站，你可以是另一个吗？或者反过来说，你可以让文杰也是你的一个加油站吗？”苏青再度巧妙地比喻着。

“嗯，我可以当他的加油站！我也会让他当我的加油站！”艾莉一边用力点头，一边肯定又开心地说着。

“还有，永远要记得，是‘放下’而不是‘放弃’！差一个字，就差很多啊。”

酒香，随着夜色更加浓郁也更加甜美了，屋内的两个女人举起红酒杯。

“敬人生！”

为你的新习惯“定锚”

艾莉的同事亮亮是个很有创意的人，和想法天马行空的她相处很有趣，但认真谈事情的时候总搭不上线，很难清楚谈妥一件事。如果亮亮有什么让人头疼的，就是会很兴奋地揽一大堆事来尝试，一旦有完成不了的压力，不是草草结束就是把旧的搁着接着找新的做，真的被逼急了，就顾左右而言他或是躲得远远地装傻。

刚当上新手主管的艾莉最近为了如何管理亮亮而大伤脑筋、手忙脚乱，赶紧找苏青当军师，看看有什么好办法。

听了艾莉的描述，苏青说：“记得压力下会惯用‘打岔’沟通姿态的人吗？他们的确很难接触，因为他们很难留在当下，所以会不断转换频道，你刚跟上她，她又被新东西吸走了。”

“是啊！哪怕是我为她量身打造的约定，她都很难坚持。”艾莉感到很挫折。

“那么，面对这样的她，你是用哪种沟通姿态和她互动的呢？”苏青问。

“我很欣赏她的创意和幽默，但也很担心她被老板狠骂甚至炒鱿鱼，所以会和她商量解决的方法，没想到她还是做不到！我生气又难过，又不愿意伤她，才会想找你看看有没有更好的方法。她好像蛮喜欢我的照顾和关心，但也只是看看就跑走了，很自由自在啊，可是我又累又烦！所以我是……”

话没说完，艾莉一下子僵住了，不太愿意接受这个呼之欲出的答案。

“嗯……我好像在压力大的时候又自动跳到‘讨好’模式了，所以即使我累得半死，还是行不通。”

艾莉沮丧了起来。

“我好像还是不适合做主管，对不对？”

“别急着否定、贬低自己，让我们换种方式看看全局。据你了解，之前的主管都怎么做？”

“指责！”艾莉几乎毫不思索就说出答案。

“来吧！我们用身体姿势来体会一下，试试你会看见什么？”

苏青等艾莉摆好叉腰指责的姿势后，停了一会儿，让艾莉透过身体更深刻地感受。

“你猜，当你用指责沟通模式时，亮亮以及你带领的团队会有什么反应？”

手一指，艾莉就更清楚了。

亮亮之所以会被安排到自己的组内，基本上就是因为被别组排挤。如果重演这种指责方式，原本艾莉希望能善用亮亮精彩独特的创意天分，以及在这个小团队建立开放同时又具向心力的气氛，这些打算就全落空了。

“我不想这么做。”艾莉很确定地回答。

“那如果你使用超理智沟通呢？”苏青邀请艾莉试试看。

双手像城墙般隔离的姿态一摆出来，艾莉就想到另一位资深组长志国，总是喜欢一直说道理。但他的团队各自为政、没有凝聚力，工作固然稳妥不出错，但也难有精彩的创意。

“这也不是我想要的。”

“如果跟着她打岔呢？”

艾莉想起打岔的姿态和方式，立刻哈哈大笑。

“那整组人应该都会觉得我很奇怪吧？然后被老板发现，我的主管职位就不保了！”

“所以，现在你有什么想法？”

艾莉的思绪逐渐变得清晰。

“我想用柔软巧妙的方式去跟亮亮联结互动，让她能够发挥创意天分。如果成功了，不但可以运用她的才华来帮助我出色完成被交付的工作，同时也表达了我愿意沟通的态度和善意，我相信其他成员看到了，也会愿意共同参与，这样就能够打造出我心中既有创意又有凝聚力的团队！”

“看起来，有时候你跟亮亮应对时还是会运用‘讨好’模式。但这次的‘讨好’和以前你惯用的不太一样，在这次的‘讨好’背后，你是带着觉察的，你清楚自己的目标和能力，也是依据心中理想团队的图像而‘选择’应用的一种方式。”

“和以前的讨好不一样，是带着觉察、有用意的‘选择’……”艾莉一边重复着苏青的这句话，一边思索着。

“对哦，是这样没错！”

“当你看见了这些后，你怎么看待这次自己的‘讨好’？”

“我不是卑躬屈膝地丢掉自己、只求一切和谐，而是知道自己想要什么，并且善用我的聪明和柔软，我是在用自己的方式创造我想要的图像！”

“哇！你的气势和稳定感完全不同了！所以接下来你打算怎么做？”

“我想我得划下界限。我会再和亮亮谈一谈，也需要和其他成员说明我的想法。不过，如果亮亮真的做不到，我也同时需要让她承担后果，而不是过度保护她。”

“我感受到你更接纳自己、肯定自己了，有弹性但也有坚持。更重要的是，你期待透过真诚互动邀请组员加入和你分享愿景，我真的很欣赏这样的主管！”苏青认真而真诚地说。

“真的吗？谢谢你，我要好好把这份欣赏收下！在这条路上，有时我觉得自己好像在成长，但也同时还没那么适应，一有压力可能就会跳回原来的反应模式。”艾莉吐了吐舌头。

“别沮丧也别担心，记得吗？改变和成长原本就是螺旋形慢慢盘旋而上。你也清楚看见自己的改变了，不是吗？在练习的阶段，我们需要的只是‘落实成长’这个逐渐摆脱旧习惯、迈向新阶段的过程，就像是为一艘船重新稳在新位置的‘定锚’一样。改变是有可能的！但落实你的成长要靠不断地练习、练习再练习。”

艾莉的体会与感受也正是如此，从觉察到改变的路，真的得一步一步来。

“筑、梦、踏、实。”

当这四个字浮现心底时，艾莉突然觉得内心有了一股力量！

又稳，又开心！

认清“期待”，才能与人靠近

挑战马上又来了。

最近有个重要的合作案要谈，案子不小，也算是公司对自己的重视，但合作方的主事者冷妍在业界是出了名的刁钻难缠，一想到要接手，艾莉就有点气馁。

发现自己有点被害怕困住了，艾莉试着静下心来运用内在冰山图和自己对话。

“我的担心是？”

艾莉发现自己期待挑战，但同时也害怕失败丢脸，心底好像有个声音在跟她说：“别强出头，失败了怎么办？”

这个声音很熟悉，但这次只让艾莉停顿了一下。

“是啊！失败了，又怎样呢？”艾莉轻轻对自己说。

以前自己会被这句话击中，因为真的怕丢脸。“如果尝试失败了，我就会被大家笑话，不被老板喜爱，也会觉得自己很没用。”艾莉看见，这就是过往内在冰山里干扰自己的想法。

但这段时间她开始能看见自己的内在资源，虽然有“谨慎、担心、紧张”，但她也欣赏自己拥有“努力、柔软、聪明、灵活”等特质。还有，她也发现自己拥有另一个很棒的资源——“独特”。此外，对于什么是“有成就、有价值、我是一个什么样的人”，她也有了属于自己的新定义，不再只是单一地局限在主流价值里的成功或失败而已。

这些新发现和改变，让艾莉有了更高、更稳定的自我价值感，也帮助她更能敞开心胸陪伴在工作上受挫的伙伴。不只帮助了对方，某种程度也释放了自己内心一贯的苛责与焦躁。

艾莉对这样的自己是满意的。

突破了原本内在冰山里“想法”和“感受”的困境，艾莉试着往更深的“渴望”层次探索。

“想看见自己的价值、想用‘我的方式’为团队创造发挥的机会！”来回想了几次，当这些想法浮现时，艾莉越来越确定。

“这次，我要试试！”

第一次的接触只能用“混乱”来形容，双方各持己见地争论僵持起来，还好在撕破脸的前一刻冷静了下来，顺势结束了会议，约定明天再继续。

争吵过后，艾莉不像以往那般觉得虚弱无力，但她觉察到自己需要静一静。和同事约好晚餐时在下榻的饭店大厅见面后，她独自在陌生人群中默默走了一段路，然后从热闹的大街转进绿意盎然的都市公园。

自从认识苏青后，艾莉开始喜欢漫步于大自然间，山上或都市里的公园都行。尤其是心情焦躁或沉重不安时，尽管只是自己一个人在花木扶疏、开阔怡然的公园里走走，把胸口沉重的郁闷吐出来，感受拂面的微风、淡淡的青草或花香，仰望一下广阔的天空，或者，就像之前在山上苏青带领她体验触摸大树坚强又温实的树干……原本强烈紧绷的情绪，就能慢慢地安歇宁静下来。

“烦躁、不安、担心、恐惧，所有的情绪和状况都不是大问题，重要的是我们要如何陪伴这样的自己，如何安顿这样的情绪。找到属于自己的有效方法，这是我们最值得为自己做的事情之一。”当心绪开始安定、沉静舒缓后，艾莉突然想起刚认识苏青时，她曾说过的这段话，不禁轻轻地笑了起来，原来紧绷的自己放松了下来，前行的脚步也更自在了。

继续用这个属于她的方式陪伴自己，心仿佛也越走越定，思绪也越走越清明。

艾莉开始试着回想刚刚的那场混乱。

“一场大失败？”

在脑海中重新倒带会议过程……大方向上没有太大的冲突，但细节的磨合就是僵持不下，到最后，变成艾莉和冷妍的对立，各持观点，互不退让。

其实双方都是很有想法的人，正因为都有既定想法，也都觉得“必须按照我的方式做”才能达成心中期待的目标，于是都认为对方“怎么这么顽固”，因此才谈出火气来。

“我讨厌她吗？”艾莉开始在心里对于冷妍好奇了起来。

回想着刚刚与冷妍应对的画面，过程中几次被她逼到墙角的对话，“好厉害呢，那股宰制全场的实力！果然名不虚传！其实，如果我们在同一个公司，我想我会很欣赏她！”

这样一想，原本艾莉觉得冷妍近乎苛求的仔细和坚持是种让人受不了的高傲严苛，现在却有更多的认识。她其实不是意气之争，而是对工作百分之两百的负责态度，还有对自己认真严格到某一种地步。同事们都觉得差不多的部分，她却一再确认，并且希望合作更有效能些。

艾莉回想起刚遇到苏青的时候，自己在工作上，不也是和冷妍一样，有着超强责任感，做事仔细认真，常常逼得自己完全喘不过气来吗？

“其实，我们两个人拥有很相似的特质，对达成目标都有着很高的自我期许啊！”

想到了这些，艾莉突然觉得好有趣，原本气愤与紧绷的心情也更放松了一些。再回想起今天冷妍的简报中展现的企划力、对细节的掌握度都让艾莉折服……带着这样的欣赏，艾莉忽然有了新的想法。

她所规划的这个合作案只有冷妍真正会懂，也只有她有魄力和自己携手完成，甚至互相加分地创造更丰富精彩的远景！顿时之间，艾莉竟有了一种惺惺相惜的感觉。

“刚刚的僵持，只是因为我们的立场不同，各有需要为自己的公司争取维护的利益，但这原本就是一个希望一加一大于二的合作案，也许我和冷妍并没有那么不同，我们都有希望完成的心愿。也许我们不应该站在对立面，也许我应该换个方式和她沟通。如果借用‘内在冰山图’，她的‘期待’会是什么呢？”

就在艾莉思索着属于冷妍的“开门密码”时，夜色轻轻地笼罩了下来，顺着眼前公园里开阔起伏的绿色小山丘往前望去，天际一颗明亮的星星出现了。

突然，艾莉对于苏青曾经说过的“如何接触一个人”有了更深一层的体悟，也想起苏青说过的话：“聚焦在共同愿景，而不是聚焦在问题。”

“先聚焦我们都想要达成的共同目标，然后再协调打开其他的差异。凭我们两个的聪明和对目标的强烈意愿，一定可以一起达成的！”顿时之间，艾莉心中有了成功合作的信心。

“明天，就先从我们共同的‘期待’来谈吧！”带着跃跃欲试的心情，艾莉在心底对自己说。

正确面对差异与冲突

山上的冬夜，低温空气里有一种宜人的干净剔透。

客厅的宽口大陶瓮里炭火隐隐，上面架着铸铁壶，里头的山泉水已沸腾，为屋里增添几分暖意。

“有时真的还是好羡慕我妹妹，为什么她可以拥有那么大剌剌的个性？对什么都不在乎、不会受伤！”

捧着一杯热茶，艾莉难掩低落地说。

“发生什么事了吗？”苏青关心地探问。

“最近妈妈身体不舒服，昨天我和妹妹一家都回去看她。起先还好，后来我跟妹妹还有妈妈三个人在房里时，她就开始哀怨地叨念着我们对她不关心。离开之后，我心情超沉重，想跟妹妹聊一聊，没想到她完全不觉得怎么样，还说是我太敏感、想太多。”

“妈妈的话让你觉得内心受伤又沉重，但是你发现妹妹却和你不一样？”

“嗯！”艾莉点了点头。

“我记得，从小妈妈总是说：‘怎么说你一句就不行了？’她不知道，对我来说，那一句的力道真的就是这么重！可是妹妹却可以毫不在乎。我好讨厌这个容易受伤的自己。”

“**家庭的确形塑了我们，但是往往不是每个兄弟姐妹都相似，这是因为每个人都有自己原生的特质，加上每个孩子的诞生和成长可能处在家庭里的不同阶段。更重要的是，家庭其实是一个多重且复杂的动力场，点与点、线与线之间都牵动着不同的变化与应对。**如果借用之前我们聊过的沟通姿态来看，当家里的压力或冲突很大时，妹妹用‘不在乎’保护了自己。你之前也曾体会过，她也在承受打岔姿态的辛苦，就像过去你一直用讨好应对压力，你好努力去完成妈妈的每一个期待，包括她说出口及没说出口的种种，敏锐的你都能接收理解到。所以尽管只是一句话，你也会如此无法承受，因为那时小小的你已拼尽全力去做了。是这样吗？”

再一次感受到理解竟是如此强大又柔软的力量，艾莉点了点头。

“是什么让你这么想要帮妈妈呢？”

“因为我知道她很辛苦，我知道她很累。”

“又是为了什么，你选择把积压在心里这么多、这么沉重的感受都不跟妈妈说？”

“嗯……因为我不想伤害她，我知道她为了照顾我们已经很费力了，我不想让她更累、更焦虑。”

“所以你认为别人都是没能力的？于是你只能伤害自己，

只能让自己更累？”

原本还很伤心的艾莉，瞬间愣住了。

“我认为别人都是没有能力的？当然没有啊！我没有这么觉得！”

“如果别人有能力，为什么你需要全部都由自己默默承担、默默付出呢？”

“我……”突然之间，苏青让艾莉完全说不出话来。

“我知道，**你以及其他惯用讨好姿态的人，是因为个性里的善良和敏感的觉察力而习惯默默承担一切。但是‘过度承担’里往往存在一个盲点，就是我们看不见别人是有力量的。**从小，你的妈妈是一个不断付出而且高度焦虑的人，不管你怎么做、做多少，她还是一样焦虑。于是你就逼自己做更多，希望减轻她的负担，希望她不焦虑。但是她的焦虑从来没有减少，于是你对自己的逼迫也从来没有停止。直到你长大了，还是用这种模式在循环重复着。”

这次苏青点出的，已超越了同理。艾莉感觉像是心底深处的一个穴道被完全精准地按压到了，一瞬间，所有深埋累积的酸楚与疼痛全都释放出来，泪水不知不觉地流下来。

“从小，我就好希望妈妈快乐，希望她不要担心那么多，不要有那么多的焦虑，所以我一直好努力，努力念书、努力做一个乖小孩、努力让她高兴、努力让她以我为荣。刚遇到你之前的那段时间，我过得很不好，工作、妈妈、感情各种压力大到我晚上都睡不着，身体糟得不得了，可是妈妈打电话来，我还是报喜不报忧。有时候，我觉得我跟妈妈好像是一个盲人牵着另一个盲人，或者，一个溺水的人去救另一个溺水的人。”

“你曾经有一段很辛苦、很混乱的时间，不过那已经是过去了。现在的你，已经不太一样了。”苏青用温柔而且稳定的语调说着。

“嗯！”笑容重新回到艾莉的脸上，“我已经在‘不同时区’了！”

“你实在是一个很棒的学生！那现在，在‘不同时区’的你，带着新的眼光来看容易焦虑的妈妈，有什么是你新发现的吗？”

“你刚刚提醒得没错，妈妈并不是没有能力，相反，这么多年来，她一直坚毅地稳住这个家。虽然她一直很焦虑，但是她也很能找人宣泄焦虑。像上周我忙完公司活动后回家，原本她又要不停地叨叨我为什么还不结婚，我没有像以往耐着性子安抚她，因为我知道当下对彼此最好的方式就是先拉开距离，所以就借口有个工作上的 E-mail 要赶着回复，溜回房间了。后来，我听到她打电话给好朋友说了好久。现在想想，你说得没错，妈妈虽然惯性焦虑，但她也跟这个焦虑相处一辈子了，她有各种找寻平衡的方法，我不一定每次都要去承接她、照顾她。毕竟人生的大风大浪她都走过来了，她绝对是一个很有力量的女人！而且现在我们大了，她其实轻松很多，只是照顾我们好像才是她的快乐来源。”

“看来，现在的你也懂得在‘觉察’的情况下，适时运用原本你妹妹最擅长的‘打岔’沟通姿态了。怎么样？感觉很不错吧？”

“对呀！偶尔用一下真的挺好，好轻松喔！”艾莉大大地伸了一个懒腰，毫不遮掩自己享受到的放松畅快！

“那么，现在，你怎么看待和妹妹的差异呢？”

“哈哈，好奇妙！现在我觉得我们的不一样好棒！看着她，好像可以给我另外一些启发和灵感，如果有事要处理，我也可以从她那里得到不同意见。就像……两扇不同的窗户，可以看见不同的风景。我想，妹妹一定也可以从我这里得到相同的美好。”

“是呀！就像这座山涵容了各种树木花草一样，正因为有这么多差异，我们才能拥有如此丰富的景色，不是吗？记得，‘相似，让我们联结；差异，让我们成长’，这就是关系中完整而丰富的美好！”苏青说。

双手捧着热茶，艾莉的心更暖了。

我存在，你也存在

上次聚餐过后，妹妹也喜欢上了和苏青聊天，一直嚷嚷着要再去。今天特地和艾莉一起拜访，还事先探问过艾莉，贴心地为苏青准备喜爱的茶点当作伴手礼。

看着妹妹和苏青快乐地聊着，艾莉觉得有点无聊，忽然，觉得吃味、被冷落，一阵担心袭上心头。

这感觉并不陌生。

这段时间苏青跟她分享的内在冰山图，此刻帮助艾莉更靠近内心的自己，也更加厘清自己“到底怎么了”，艾莉知道此刻的情绪并不是针对苏青和妹妹，只是她们的快乐与亲密引起了自己内心的一些波澜。

艾莉对自己说着：“她们就只是快乐地聊天。这种熟悉的害怕和孤单，是属于我自己的。”

想着、看着，但心头仍然很真实地纠结着。又安顿了自己一会儿，好像慢慢也就静下来了，艾莉心中暗自决定晚上要写写日记，沉淀整理一下自己。

夜晚时分，一切都安静了下来，艾莉打理好自己，为自己泡了一杯据说能够养气的滇红，打开电脑，开始写下：

“亲爱的自己……”才写完这句，一股委屈就涌上心头，豆大的眼泪就滴了下来。艾莉被自己排山倒海而来的情绪吓了一跳，又暗自为能这样抒发情绪的自己开心，任凭眼泪恣意地流着。

“以前的我才不会允许自己这样呢！但现在的我，是可以好好品尝悲伤的一个全新的我！”艾莉为自己打气、鼓励着。

带着对自己“究竟怎么了”的一份好奇，艾莉回到键盘，继续通过书写与自己对话。

“今天和妹妹一起拜访苏青，觉得很……”艾莉迟疑了，这五味杂陈的感受到底该是“开心”？“生气”？“悲伤”？还真让人混淆不清。

艾莉回想起午后和乐融融的气氛，山间美丽森林的光影，都是享受而放松的时光。身为姐姐，看见妹妹这么开心又这么认同自己的朋友，心情也是很愉快的。但那股不知哪儿来的孤独感和担心，却又如此真实地横亘其间，不容忽视。

“……开心，但又有一股担心，甚至害怕的感觉，不时涌出来，就好像……就好像妹妹会抢走苏青一样。”

当屏幕上出现了这几句话，连艾莉自己都觉得讶异。

从小，妹妹就很独立，也很少和自己争宠，两人的个性和发展也始终截然不同，实在没什么好比的，可是嫉妒又不安的情绪的确一直萦绕心头。

“遇到苏青之前，无论是工作或情感都是一片混乱，一切都让我觉得好孤单、好无助。来到山上之后才慢慢静下来，慢慢地遇见心底的自己。虽然苏青只是陪伴我，但少了苏青，我不相信自己能做得到。”

看着这段文字，艾莉呆了一阵，开始了解自己是多么珍惜与苏青的互动。当自己学习了许多之后，也很开心能将这么好的朋友介绍给别人，特别是妹妹。但现在，自己居然害怕若不能独占和苏青的互动，这段美好就没了？

艾莉决定诚实面对心里的感受。

“我担心，我真的担心。”

吸了一口气，试着接纳此刻的自己，继续对自己说话。

“这份担心总是提醒着我要比别人努力，不然就会害怕自己糟得一无是处。如果有人更优秀、表现更好、更美丽，甚至运气更好，我就不会被看见、不会被喜欢。到头来，如果别人很优秀，我感到害怕又嫉妒；如果我表现得好，又害怕被排挤，也害怕很快又被别人比下去。

“不好，也不对；好，也不对。担心，就这样一直跟着我。有时我也很羡慕妹妹能大剌剌地率性过日子，但我就是没办法像她一样放开，只能乖乖做我的好孩子角色，不敢冒险，不能不在乎他人。”

艾莉继续写着，像是一开始就停不下来，眼泪也是……

“等一下！这是现在的我吗？还是过去的我呢？”

艾莉突然沉思了起来，回想遇见苏青后的这些日子，回想起这段时间和自己的相处、和文杰新的互动对话方式、在工作上与同事的应对……

“不对，这些都是过去的我了，现在的我不同了。我冒险选择和原本陌生的苏青一起走这趟心旅程；我勇敢地探索自己；努力地对文杰表达自己，同时也练习真正地倾听他；尽管担心害怕，我还是一个人去旅行探险；我还是愿意把最好的分享给妹妹……”

回头读着电脑屏幕上的这段，发亮的光标还在最后一个字上闪动着！

艾莉突然有一种感动。

“真好！不再陷在和妹妹的比较以后，我看见并且欣赏了我自己！”

此刻艾莉的脑海中浮现出之前苏青和她的一段对话。

“孩子，你知道吗？在我们成长的阶段，兄弟姐妹在家庭里其实是一个很复杂的动力场。很多时候，我们会感到父母的爱、时间与关注是有限的，因此在内心真实的感受里，手足之间其实是一种既互相竞争又互相友爱的矛盾难题。我们很多人在成长过程中，都或多或少地面对在其中挣扎的心情。而我们往往又有一个家庭规条是：兄友弟恭、姐妹情深，于是我们不允许承认这个竞争与友好并存的真实矛盾。但是如果我们可以如实看见、承认，然后进一步看到我们都是不同的个体，也都是完整而安全的存在，我们就可以放下这个内心里曾经的两难与矛盾了。”

艾莉看着自己的文字，再回想苏青的话，心中百感交集。松了一口气，慎重地写下这一刻浮现在她心底的这段话：

“我是可以的，我很好，而且他人也很好。我存在，他人也存在。”

第十章 和解

我要自己走出以前的伤，
不再被愤怒、受伤的过去影响，
为自己走出一条新的路，
不再重复僵硬的现在，
不再有茫然的未来，
我要为自己负责。

如何处理过往的影响？
哪些是我要留下的？
哪些又是我要丢掉的？
这是我为自己创造的，
第三次诞生！

放下无解的纠结

难得的冬日暖阳，艾莉心里却依然低温。

“你说的我都懂，我终于看到了我和爸爸之间过去的‘隐形的结’。我也很想松开放下，可是最近我发现自己真的做不到。即使想，也做不到。我到底该怎么办？”

“你想原谅爸爸，但又没办法否认自己当时的失望，也没办法忽略当时真实的受伤，是这样吗？”

艾莉的眼里噙满了泪水。

苏青明白，那是内心的两个声音，拉扯角力的疲惫与不知所措。

她起身往门口移动，回过头来跟艾莉说：“来吧，别待在屋里了，我们开车出去兜兜风！”

车子在山里蜿蜒，一个弯道又一个弯道，每一个转弯都是一片绿色风景。

艾莉透过车窗，看着穿越绿荫的金色阳光和点点绿意跳跃交织成一幅流动又充满活力的美丽画作，不知不觉，她嘴角的线条开始松了下来，心，也逐渐放松了。

然后，有一些不知在心底积压了多久的心绪，仿佛也开始流动了起来。

“你知道吗？小时候我有多渴望他可以抱抱我，可是他总是那么忙，总是有那么多工作。每次他都说，他这么忙都是为了我们，可是我没有要他这样啊，我想要的是一个会在家陪我的爸爸啊！有时候好不容易盼到他在家了，每次他又会在我们玩得很开心的时候突然生气！我真的是吓坏了！我很矛盾，不知道到底应该期待他在家，还是期待他不在家？我也分不清楚，我到底是爱他，还是不爱他？你说这是不是很奇怪？而且更惨的是，不管是爱他或不爱他，我的内心好像都有一个声音在骂自己！”

“你爱他，可是又怨他；你想靠近他，可是那份靠近又让你受伤？”

有一些泪光浮起，苏青总是有办法用简短的话直接讲中她心里的复杂与纠结。

“来吧，先别想了，把车窗打开。每次心情很闷的时候，你知道我都喜欢做什么吗？像这样！”

苏青把空出的左手微微伸出了车窗外，艾莉侧着头，看着苏青的左手掌慢慢地做着开合的动作，很缓慢地，手指张开然后又屈起握拳，然后再张开。一直反复着就像是在抓握什么似的，这勾起了艾莉的好奇。

“你看起来好像很开心！可是我不懂，你是在做放松手指的动作吗？”

“你看，你又启动大脑模式了！你不需要‘懂’呀！试一试，跟着我做一样的动作，再告诉我，你有什么感觉？”

艾莉既困惑又好奇地把右手伸出车外，学着苏青像慢动作播放似的抓握着什么。

她先是感到宜人的凉凉温度，感觉到风吹拂穿越过她的手。

然后，她的掌心开始感觉到一种软软的触感……

“是风！天啊，以前我知道风是有温度的，但是我从来都不知道风的触感是这样的，我好像是在跟风握手啊！哈哈哈，原来跟风握手是这样的感觉啊！它好软、好舒服，我感觉到它了！”

像个开心的孩子似的，艾莉忘记了心中无解的纠结，车子的这一侧，苏青也开合着手掌感受着风。

她们一起笑着，一边跟风握手，一边前行……

在“人”而不是在“角色”上相遇

“到了，我们下来走走吧！”苏青关上车门，慢慢往前走去。

艾莉跟在后面，爬了一小段青苔石阶，然后又沿着小径左转右弯了一阵。在群树环绕的整片绿荫笼罩下，一条清澈宛如丝带的小溪旁，苏青选了一块较为平稳的大石头，和艾莉一起坐了下来。

水声潺潺，沁人心脾，艾莉觉得身心都更轻松了。过了一会儿，苏青温暖的声音响起。

“让我们一起来想一想关于你爸爸的图像。五岁、十岁的他，在什么样的家庭里长大？他有着什么样的成长背景？十几岁、二十几岁的他，有过哪些经历？这些成长背景与环境，将他形塑成怎样的一个人？在这些脉络里，存在些什么让他无法成为‘你心中期待的理想爸爸’？如果我们能试着先离开‘角色’，试着站在一个‘人’的角度上看一看，在那幅图像里，有哪些我们不知道的脉络过往在形塑这个人？他有机会学会怎么当一个被期待的父亲吗？”

艾莉沉默了，这些提问她从来没想过，她真的从来没有用这些角度来想过爸爸。

是啊，他曾经也是一个小男孩，也有属于他的故事和经历，家庭的、求学阶段的、工作的、与朋友互动的……

他一定也有过他的快乐、痛苦、幸福、悲伤。他是如何被爷爷、奶奶期待的？他被殷殷教诲着要成为什么样的男人？他有过哪些未满足的期待吗？他也曾经在心里向自己发过哪些誓吗？

他是怎么成为后来她看见的这个忙于事业、对表达感受和情感生疏的爸爸？

因为苏青的提问，艾莉开始从记忆数据库中尝试拼贴答案。

“印象中，爸爸曾经说过，他从小是被奶奶带大的。爷爷是个很帅、很迷人的男人，个性又温柔，虽然奶奶知道他有家庭了，却还是跟了他，生了爸爸。可是后来在爸爸很小的时候，爷爷就离开他们了。奶奶总是跟爸爸说，其实爷爷很爱他，只是他不得不离开这个家……”

“想起爸爸的过往，你觉得这会如何影响他和你之间的互动？”

“我想起小时候，爸爸好像跟我玩一玩就会恍神，不知道在想些什么？我常需要大声叫他，他才会回过神来。”

“你知道吗？人生往往有很多标点符号，你的爸爸在一开始就遇到了一个‘问号’——‘爸爸爱我，但是他为什么离开我？’就像很多人分手的方式是跟对方说：‘你很好，但是我要跟你分手。’或者‘我很爱你，但是我要离开你’。这是一种‘双重讯息’，往往会让接收的人感到很困惑，因为这里面有两个互相矛盾的情绪——高兴和伤心，这会让他们的内在不知道究竟该如何反应。尤其当这个人还是小孩的时候，对他们来说，内在更易因为困惑而完全卡住。”

像是心里有了太大的震动，艾莉一瞬间仿佛失语了。

“你看这棵大树，乍看茂密参天，好像一开始就是这么坚强巨大似的。但如果仔细看它的树干，或者年轮，其实好多痕迹都记录着过往的经历。某一年的暴雨、某一年的高温酷晒、某一个超级台风的肆虐、某一个春天的温柔细雨与和风……父母也不是生来就是我们看到的这个面貌、性格的，他们先是一个‘人’，在各种环境里被形塑、在各种事件里做了决定，然后才成了父亲和母亲。”

苏青的这段话，让艾莉原本受伤又坚硬的心，开始有了松动。

“所以，我应该原谅他吗？”

“别急，不需要逼自己跳得这么快，我只是想让你多看到一些属于爸爸的图像。**不管我们能不能原谅，但至少我们可以开始多一点理解、体谅。当这些理解和体谅出现，就开启了一个‘释放自己’的空间。我们的不原谅看起来像在惩罚别人，但其实是不放过自己，因为我们紧紧握住的是那个受伤的**

自己。

“我曾读过一句很美的话：‘让我们在人的层次上相遇，而不是在角色的层次上相遇。’我很喜欢这句充满温柔与智慧的话，这句话也曾经为我的生命及各种关系打开了一扇大门！

“如果我们只看见角色，比如爸爸、妈妈、先生、妻子、小孩、主管、下属、男朋友、女朋友……这意味着我们只关注他人所扮演的角色，而不是人本身，于是我们就无法真正接近对方的心，也无法真正地彼此靠近。

“或者，**有时我们常觉得很累的原因，往往也是因为自己只活在角色里——我应该当一个好女友、好女儿、好妈妈、好下属、好朋友……我们希望自己在各种角色上都当一个好人，要符合大家的期待，想得到肯定与喜欢，想好好地负责任，于是我们也很容易就掉入‘到底付出这么多，有什么意义’这类疲惫疑惑的困境里，然后有一天就突然爆发，成为毁灭与他人关系的巨大冲突。我们忘了？我们得同时是一个人的存在。**”

“在‘人’的层面上相遇？我怎么觉得好像听到了一个很珍贵的提醒！”

欣慰又开心的笑容出现在苏青脸上。

“我也有过和你一样的感觉，而且这对我来说不仅是一个道理，也是我真实体验过的珍贵美好。”

“真的吗？”艾莉真心想知道苏青和她相似的过往历程。

“曾经，在我成长的过程中，我妈做了一个决定，让我感觉受到了伤害。后来，某个程度上她一直以讨好来弥补。但是我还是不能也不愿意原谅她，可是我心里真的还是爱她的，所以我不断在内心拉扯，痛苦不已！

“直到有一天，我们大吵，她跟我解释，因为当时她真的不知道该怎么做。她哭着跟我说，她的妈妈好早就过世了，她根本不知道要如何当一个好妈妈。

“那一年，我二十八岁，正是她当时的年纪。我懂她的慌张，身为一个女人的慌张！就在那一刻，我和她好像第一次离开了母亲与女儿的角色，而是在女人的位置上相遇了。那个当下，我心里的结突然就解开了。

“在女人的位置上，我突然开始心疼她、理解她，这是从来没有过的感受。我也真正懂了另一句话：‘父母在任何时候都是竭尽所能的。’我体会到妈妈对我的照顾和付出的确是竭尽所能，只是她的‘能’有限。她成长的家庭环境与背景、她的过往，让她没有能力成为我理想中的母亲。

“我理解了她。但在这同时，我也知道那个小时候的我是‘真的’受伤了。所以后来我在心里下了一个决定——我要为我自己疗伤！当初的确是妈妈让我受伤了，但我现在长大了、有力量了，我比妈妈幸运，生长在一个女人可以受教育、可以在职场发挥的时代，我拥有比她更多的能力和选择。我要自己走出以前的创伤，我要为自己走出一条新的路。我不想再被愤怒、受伤的过去影响，我不想再重复僵硬的现在，我不想再有茫然的未来。我不再要妈妈为我负责，我要为我自己负责，我要创造我自己的人生！我要如何处理这个影响？哪些是我想留下的？哪些又是我想丢掉的？我问我自己。

“就是这个时候，我开始走上‘第三次诞生’。”

温柔智慧的光芒，闪亮在苏青的眼睛里，那是希望，也是力量。

这一刻，艾莉知道，这份希望和力量也同样在她的内心之中。下山后，她准备打电话给爸爸，约他一起去喝他们都爱的生啤酒。

对于自己的“第三次诞生”，她越来越充满期待！

改变的辐射圈

回到家，夜里的静，像是一方可以安然收纳心绪的空间。艾莉不再害怕自己独居小屋，反而开始感到是种享受。睡前，为自己热了杯牛奶，打开电脑，看到苏青寄来的一封新邮件，她迫不及待地点了开来……

亲爱的艾莉：

最近和你聊起了过往成长过程中在家庭里受到的伤，也勾起一些属于我的回忆，趁着感觉满满的时候，想透过文字告诉你。

这些年我越来越体会到，无论父母再怎么尽心照顾，家庭再怎么充满爱，每个孩子在成长的过程中都免不了会磕磕碰碰，留下大大小小的伤口。我们每个人在成长过程中，或多或少都在“家庭”里受了点伤，也都在心里留下了或大或小的伤痕。

不管别人知不知道，不管别人看来有多轻微，对我们来说都无比深刻、疼痛，即使想要忽略遗忘，它仍然长存在那里，一直无法消失。

但是，受伤又如何？我们并没有因此被决定未来！

因为长大后的我们，都拥有疗愈自己的力量，都可以选择用自己的力量创造第三次诞生，为自己选择想要的未来。

今天听你说起了过往留在心底的那道关于爸爸的伤口，也看见你在长大后有力量的此刻，重新疗愈了自己，并且愿意试着进一步去疗愈你和爸爸的关系。很想跟你说，我也走过一段与你非常相似的历程。

从小，我的成绩就很好，但到了中学之后，为了不被同学嫉妒，希望能够得到友谊，我宁可放弃当个模范生。这个决定的确让我拥有了很多朋友，但我也必须面对爸爸的失望与责备。当时，我心中暗自有了另一个认定和解读："原来爸爸以前会爱我，是因为我的成绩好、是个乖小孩，现在成绩不好了，他就不爱我了！"

带着这种内在的怀疑和伤痛，我一边由日常的照护互动中，相信爸爸爱我；一边由责备冲突以及对我表露的失望里，证明爸爸并不爱我。两种拉扯的信念和感受，就这样持续跟着我度过漫长的求学路。

原本我以为这道心中"暗影"的影响，将随着大学联考结束而终止，但显然的，我低估了心理阴影对一个人的长远影响力。

它甚至让我在后来选择伴侣时，不自觉地选择了一个我知道他爱我，但同时又在某方面对我不满意的男人。我对于他的挑剔感到生气，心里呐喊着：“为什么你还是觉得我不够好？为什么不能爱完整的我？”但另一方面，我又认同对方的标准，希望自己能变得更好。

这些矛盾复杂的心绪，不断在心的底层交替浮现拉扯，时而隐藏，时而爆发，如同一股“暗流”般潜伏着，不在表面呈现，却隐微而深刻地在不知不觉中造成影响。之后，因为内心的痛苦疑问与骚动，我开始涉猎有关心理学、新时代、女性成长等书籍，开始参加自我探索课程、心理工作坊，甚至展开心理领域的专业学习。

这种种的经验，让我开始重新把焦点放在“我和自己”的关系上，去看过往的痛苦和重复的困境，重新接纳自己。

这是一段缓慢而渐进的过程，需要很多觉察和练习。

直到有一天，有个朋友跟我说他希望我如何如何做时，我的反应居然不像以往一样对自己也对他人生气或难过，反而在慢慢听完之后还能用一种轻松平和的语气跟他说：“是喔，你是这样想、这样希望的喔？我知道了，我也能够理解你的心情，可是我就是这样的人哦，那我们该怎么办呢？”当我如此说完之后，内心感到十分讶异，因为我看见了一个不一样的自己。对于这个新自己的出现，我感到惊讶和高兴。

我看见，当我疗愈了真正最核心的伤口、开始悦纳了自己之后，也开始向外拥有了维持和谐而稳定的人我关系的能力。

后来，我遇到了现在的先生，我们欣赏彼此的相似，也为彼此的差异感到好奇。在一起的时候，我们会一起阅读、散步、种花除草、旅行。当我在工作、写书，或当他远赴他乡在NGO组织实践他的人生意义与理想时，分开的我们，也能带着对彼此的欣赏与尊重，同时各自活得丰富而精彩。

我体会到，在这段关系里，独立与靠近，自由与陪伴，都是可以安然并存的。

虽然关于爱、关于相处，我们也还在继续学习中，但至少我看见迈步之后的自己有所改变、有所不同。那是由内产生的动能，不但往前回溯过往的执着和伤痕，也往后改变自己惯性的反应互动模式。

我体会到，由自己产生的改变是“具有辐射影响力”的，虽然它不能保证他人的改变，但是随着自己的视野和反应的改变，生命仿佛剧本重写，故事有了如“新生”般的不同可能。

很高兴和你一起在这趟心旅程上相遇，让我透过与你的互动更深地被引动、看见属于我的过往与现在。

天冷了，此刻我的心却是暖的。

谢谢你带给我的美好，愿把同样的安然与暖意，满满地送给你。

爱你的苏青

嗨，原来你就在这里！

“有件事情我一定要第一个告诉你！”

在新开的法式薄饼店里，苏青和艾莉正一起享用着经典法式红茶搭配正统法式薄饼，艾莉突然开口。

“要给我什么惊喜吗？我准备好了，赶快说吧！”苏青好奇地微笑着。

“我跟文杰开始计划婚礼的事情了。”艾莉脸上的笑容微甜又带点腼腆。

“是吗？恭喜你，也恭喜文杰！你们做出携手一生的决定了？我知道这对你来说并不容易！”

“嗯，这一路你一直陪着我，所以你一定知道，有好几次我都在想，是不是该分手了。对于结婚，我也一直既渴望又犹豫。”

“所以，究竟是什么不同了呢？”

“嗯，不同的应该很多，毕竟这段时间以来，我在内心真的厘清了很多，也改变了很多。不过我觉得最关键的一点是，以前我一直有个想法：‘如果结婚不能变得更好，我为什么要结婚？’可是那天，我在附近的小公园散步，那是个有着超级大满月的明亮夜晚，我一个人走着走着，想起文杰，想起我们过去的点点滴滴和这段时间的互动，突然觉得，我愿意跟他一起在未来人生的路上携手往前走。虽然我并不确定前方的路一定平坦美好，虽然我知道在爱里也难免受伤，但我不再为此害怕，也不再否定爱。就像是一趟旅行一样，我们一起经历，一起享受快乐，也一起面对困难和痛苦，这才是最重要的。

“我也发现自己不再是一个童话公主，期待王子给我一个‘你会永远幸福快乐’的承诺。我知道，幸福是亲密也是独立，可以坚强也可以脆弱。我想起刚走上这段心旅程时，你跟我说过的这段话：‘完整，是好与不好都要，更贴近爱的真义。明亮与幽暗、骄傲与软弱、坚定与柔软……我们愿意温柔悦纳自己的美好与丑陋，愿意学会宽容自己的困惑和迷失。因为我们就是这样的一个人，我们都在慢慢成长，努力经历这趟人生之旅。’我是这样，文杰也是。

“我愿意悦纳完整的我，也愿意悦纳完整的他。我愿意伸手拥抱爱，也愿意接受伴随爱而来的伤害。因为我知道，就算受伤又如何？我有能力疗愈它！我想要和文杰彼此陪伴，一起经历这趟有爱也有伤的丰富人生之旅。”

此刻，安然而坚定的眼神，在艾莉的眼里凝成一股美丽力量。

苏青看见了，内心满满都是感动。

“此刻，我感受到内在的你，既有力量又充满了爱。你带着这样的自己，向内跟自己联结，向外跟文杰、跟其他人联结，也跟大自然、跟整个世界联结。我看见一个完整而‘自在’的你！你真的让我的内心充满了感动和欣赏！”

“完整而自在？哎呀！原来我找了那么久，它就在这里！”

这个下午，在艾莉特意点的法国百年茶坊玛黑兄弟“结婚曲”的茶香里，两个女人一起笑开了。

健康滋养的“幸福家庭”图像

冬天慢慢远离了，山上的春天，更处处都是新鲜饱满的生命力。和苏青再度沿着蜿蜒步道爬上坡顶，一路上草叶与大树的新绿、昆虫和蝴蝶的现身，还有悦耳的鸟鸣，都让人感到身心注入了新鲜的能量与活力。

坐在木头凉亭里，艾莉开口了。

“在这趟心旅程里，我看见了家庭对一个人的影响真的很大，我也慢慢体会到你所说的：‘**父母对我们是竭尽所能的，只是他们的“能”往往有限，因为那与他们成长的环境和背景有关，让他们未必有机会学到做父母的所有能力。**’**同时我也体会到，我们的确可以在长大之后疗愈自己，重新为自己创造美好的第三次诞生。**

“但最近我在想，现在我要结婚了，我也期待未来能建立一个美好的家庭，我很想知道，到底一个健康滋养的家庭应该是怎么样的面貌？如此一来，我可以在心里保存这幅图像，然后慢慢地接近它。你知道这幅图像吗？”

初春的阳光总是特别温柔又灿烂，听了艾莉的话之后，出现在苏青脸上的微笑，就是这样的一种光亮。

“孩子，我记得在这趟旅程刚出发的时候问过你：‘你要什么？你要去哪里？’而现在，我看到找到内在力量和智慧的你，已经开始由自己提出探问了。

“是的，**家庭是一个人第一次判断自己是否有价值的地方，也是第一次学习别人是什么样貌、学习如何与他人及世界建立关系的地方。我很喜欢的一位心理学大师曾这样描述健康滋养家庭的面貌，那同时也是我的幸福家庭图像——‘这个家庭成员彼此独立，能够全身心地给予爱。他们的自我价值感很高，尊重自己与其他成员，他们可以公开地说出自己的需要、失望、成就和梦想。在这个家里，他们可以公平有效地竞争，能处理好自己的脆弱与坚强，并且理解两者的差异。’**

“这样的家庭有四种特质：自我价值感很高；沟通是直接、清晰、具体和诚实的；家庭规则是有弹性、人性化和恰当的，而且可以依据变化做出调整；与社会的联系是开放并且充满希望的。

“最重要的不在于家庭的形式，而在于家庭成员的关系。现代社会里，家庭有了越来越丰富多样的面貌。无论是哪一种形式，只要成员间的关系是如同以上‘幸福家庭图像’中所勾勒的各自存在与互动的样貌，就是能够充分滋养彼此的健康家庭。”

往前望出去，山下的田野房舍以及更远的城市景象，都在金色春阳下闪烁着淡金色光芒。艾莉微笑着，像是跟苏青，更是跟自己说：“谢谢你分享给我这幅美好的图像，我和文杰会一起携手创造的。”

第十一章 礼物

爱你，而不抓住你，

感激你，而不评断你，

参与你，而不侵犯你，

邀请你，而不要求你，

离开你，而不感到歉疚，

评论你，而不责备你，

帮助你，而不侮辱你。

如果，

我也能从你那里得到相同的爱，

那么我们就会真诚地相会，

而且丰润了彼此。

——萨提亚

木棉树也叫英雄树

“你知道吗？那天我们去跟大树说话回来后，这几天我开始问自己一个问题。”艾莉像是悬疑剧般的语气，成功让正抱着大黄狗波波梳毛的苏青抬起了眼，好奇地望向她。一抹成功后开心调皮的笑容，挂在艾莉越发明亮的脸上。

“我开始在想，如果我是一棵树，我会是什么树？”

“喔，是吗？”

苏青手一放开，波波满足地甩了甩身体，慢慢晃到它最爱的地垫上窝着打盹。

“这个问题挺有意思的，你有答案了吗？”

苏青边问边坐在回廊座椅上，轻轻往后一躺，跟波波一样也找到让自己舒服的方式。

“想到了啊！”语气里掩不住兴奋。

“我觉得是木棉树！”

“是吗？说说看，你跟木棉树相似的地方是……”

“是那个白白的、软软的棉絮。我记得小学的时候，学校门口有一整排木棉树，每次放学妈妈接我一起走回家时，都会有白白软软的棉絮飘到我手上！”像是随着记忆回到了童年似的，艾莉的声音里也充满小女孩的开心与雀跃。

“所以你认识的自己，就像木棉树的棉絮一样？”

“是啊，软软白白的，可以柔软地靠近人，让人感觉很舒服。”艾莉一边说着，一边体贴地倒了杯苏青最爱的花草茶递过去。

“谢谢你。”苏青接过茶，满足地喝了一口。

“这段时间，我的确感受到个性细致柔软的你，真的很像棉絮一样舒服又自然。不过，你有多久没看过木棉树了呢？”

“嗯，很久了哦。这几天我还在想也许可以在山上找找，可是好像都没见到。”

“是啊，因为木棉树不适应山上的海拔，在山上是不可能找到的，但是山下的小公园里倒是种了一整排，长得又高又漂亮。据我所知，相较于棉絮的柔软，它开的木棉花可是充满了力量！不仅花朵硕大，大红的色彩也同样鲜艳，而且，它还有个别称叫作‘英雄树’呢！”

“什么？真的吗？那我弄错了！我不是木棉树！我怎么可能是大红色？是我弄错了！”

完全没有被艾莉急促惊慌的语气影响，苏青拿起身边的红色大围巾盖在身上，用更舒服的姿势斜躺在摇椅上，然后不疾不徐地说：“你觉得大红色完全不属于你？”

“对呀，不属于我。我应该是淡淡的鹅黄色或淡淡的天蓝色。”

“你很讨厌大红色吗？”

“嗯，也不是。坦白说，其实我常常很欣赏有些女人能把大红色穿得那么漂亮。比如说这条红色披巾，在你身上就特别有自信，也有女人味，可是我就不是这种女人啊！所以通常我只会在皮包上挂个红色小吊饰，或者用个红色的小零钱包之类的。”

“这么做的原因是……”

“因为看到的时候会很开心，觉得自己好像很有女人味，也很有活力！不过，我很清楚那不是我，我不是这类型的女人。就像我是木棉树的白色棉絮，但不是大红的木棉花，更不是英雄树。唉，看起来我又得另外想想，到底我是哪一种树了……”

苏青没有接话，只是安然地让自己和艾莉沉浸在安静里。整个回廊空间，随着话语的歇息也沉静了下来。两只翩飞的蝴蝶轻巧地相伴飞舞而过，时而一前一后，时而回旋，苏青与波波渐渐不约而同打起盹来……

再睁眼，艾莉正收拾书本站起身。

“咦，你醒了吗？我还想不出来到底哪种植物才像我，不过我决定先不想了，正准备要回家。看你睡得很熟，原本不想吵醒你。”

“这午后的风太舒服了，不知不觉就睡着了。”苏青一边说着一边舒服地伸着懒腰。

艾莉抱了两本书，又拎了一袋苏青给她的现摘的小黄瓜和玉米，跟苏青挥挥手，转身走进前院花园里。

“对了，别忘了绕去山下小公园看看那些木棉树，下次来再跟我分享喔！”

带着一抹似有深意的微笑，苏青挥手与艾莉道别。

温柔是我，刚强也是我

“哈喽！哈喽！你在家吗？”

苏青正对着屏幕敲打键盘，就听见纱门外传来艾莉的声音。

打开纱门，一手抱起迎向门口的波波，艾莉坐到她最喜欢的角落沙发上，没有开口，只是低头摸着波波舒顺的毛，心绪显得有些复杂。

“看来，你去小公园看了那整排的木棉树了？来吧，慢慢说给我听。”

抬起头，艾莉眼里满是惊讶。

“哇，你也太厉害了吧！看来什么事都躲不过你的眼睛啊。前两天下山时，我特地绕过去看了那些木棉树，高高的树上的确开满了红艳艳的大花。而且我还发现它们全是朝向天空开的，当它们凋谢时，是一整朵‘啪’的一声掉下来！”

“当你再次靠近看到这些，心里有了新的体会？”

“嗯！说实话，现在我更喜欢木棉树了！我好欣赏这么

‘自我’的盛开方式，一点都不在意他人目光，只是朝着湛蓝天空自顾自地盛开，就算凋谢，也是这么有个性、有力量！”

苏青没有接话，只用微笑表达着乐于继续倾听。

“后来，我在那排木棉树下来回走了好久，心里一直想着那天离开时你说的话：‘去看看它，感觉你跟它是不是真的一点都不像？’我在心里一遍又一遍地问自己，同时一遍又一遍地看着它，甚至还细细地抚摸并感受着树干……”

“好像当你这样靠近它的时候，内心有些什么被触动了？”

沉默了一会儿，艾莉抬起头说：“我发现内在有一个我，其实像木棉树一样有个性、有力量、独立，只是我一直不愿意去看见她。这发现让我有点讶异。尤其后来当我在公园的另一端看到几棵樱花树的时候，我站在樱花树下，想起樱花的姿态——它是配合人们的目光而向下垂开着的，它很美、很娇弱……就好像以前的我，一直觉得柔弱的人才能被疼爱、被照顾，才能得到幸福。”

原本一直叙说的语句暂停了下来，艾莉陷入内在的自我整理和厘清。苏青安适地抱着又软又暖的抱枕静静等待着……

“但是……现在我想跟你说，我愿意承认我是木棉树了。遇到你之后，我慢慢认识了另一个自己，一个有自信、聪明、独立又有力量的自己，我很喜欢这个木棉树般的自己。”艾莉看着苏青，打从心底笑了起来。

“听你描述心里的这段历程，我真的由衷替你开心，也深深地被你感动着。我很好奇，如果和以前相比，现在承认是木棉树的你，在看待自己的时候，会有哪些不同呢？”

像是被引领到更深一层去探看似的，艾莉静下来思索着，接着一抹光亮出现在她眼里。

“我感觉到自己是一个有力量、有爱的女人，就像我一直很喜欢的大红色一样。以前我总是拼命向外讨爱、找力量，但现在我开始可以从内在看见这些。”

苏青接着说：“之前你说的柔软白棉絮，的确也是木棉树的一部分，再加上现在你看见了大红花朵及坚毅的树干……”

“啊！所以……我原本看见的柔软是我，现在新看见的独立自我、有力量也是我……难道，我也是这样的女人吗？”艾莉自我疑惑着，同时把眼光投向了苏青。

“为什么你只是笑着看我？为什么不说话啊？”艾莉追问着。

“你其实已经有答案了，何须我来说呢？”苏青轻笑着，继续自在地在自己的茶中加了一匙蜂蜜，不准备替艾莉接下自我确认的责任。

沉默了一下，艾莉用力拍了一下大腿说：“天啊！我好喜欢这个柔软但刚强有力量的自己！”

微微的泪光闪烁在眼中，可是艾莉的脸上同时又有着怎么样也停不住的笑意。

“哎呀，怎么会这样又开心又想哭啊！不管，我一定要抱你一下，谢谢你陪我看见这么珍贵的自己！”

仿佛也感受到这份快乐似的，波波在一旁绕圈、开心地吠叫着。

每个人都是独一无二的礼物

“我喜欢木棉树般的自己，但也有点担心。”艾莉越来越自在真实地表达着自己。

“是吗？说说看这份担心。”

“就是……我有点怕自己太自我、太有个性了。”

“为什么你不能接受自己是自我、有个性的？你会怎么形容这个特质呢？”

“嗯，就是‘强势’啊！”

“在你的成长历程中，有谁是强势又让人不舒服的吗？”苏青探问。

“有呀！我大阿姨！她和我妈不一样，是个能干的女强人，每次说话总是命令这个、命令那个的，我不喜欢她跟我妈说话的样子，也不喜欢她每次都爱问我‘成绩如何？工作表现怎样？’给人好大的压力。”

“呵呵，现在我不但了解为什么你这么抗拒‘自我、独立’等特质，也知道为什么在职场上遇到像石敏和冷妍这类强势特质的人，你的情绪反弹总是特别大了。如果你真的不能接受强势，也许我们可以来找找看，有没有哪个词是接近这个特质，同时也是你可以接受的。”

“既是这个特质，同时又是我可以接受的？”

“是呀，也许修饰一下，换个相似的词。”

“嗯，‘强大’吧！强大是有力量的，既有保护力也有创造力，不论对自己或对别人都蛮好的。不像强势，好像只顾自己，看不到别人，所以会伤害别人，带给别人压力！”

“所以你的自我、有个性，是能带给自己及他人力量，而且是没有压力的？”

“对！我是！”艾莉开心地说。

“好啦，现在除了‘力量、温柔、爱’，你还可以把‘强大’纳入你的内在资源了。

“我们每一个人的存在都是独特的，而独特就是一个无比美好的祝福，可是我们在成长的过程中忘了这件事。有时候，我们明明是一棵木棉树，却要假装自己是玫瑰园里的一朵玫瑰，但其实这片玫瑰园里也只有几株玫瑰而已，还有茉莉花、仙人掌、太阳花、含羞草，有苍劲的松树，也有柔软的柳树……我们都努力着隐藏起自己的特质，努力砍掉自己的松树枝干，努力隐藏自己的茉莉花香，努力在仙人掌上放上一朵假玫瑰，努力不让柳树开心地随风摇摆。

“但如果每一个人都能活出自己，展现出不同的特质面貌；如果我们愿意在群体里好好地展现才华，好好地称赞其他人，好好地欣赏自己及他人的美好……如果我们可以看见这个

真相，欣赏每个人的差异与独特，我们就可以好好地把自己与他人当作礼物，既给予也接受。这是我所见的，生命的珍贵与美好。”

紧紧地拥抱了苏青，艾莉说：“谢谢你是这样美好的礼物，也谢谢你让我看见，我也是一个美好的礼物。”

在爱的路上，继续前行

山上的春日野宴，每个人笑得开怀。

在艾莉的提议和安排下，带了爸爸、妈妈、妹妹、妹夫、小侄女还有文杰，一行人浩浩荡荡、大包小包上山帮苏青庆生。苏青的女儿若安及先生永浩也刚好回台，在这个美丽的春日里，大家欢聚在一起。长桌上摆满了各种精心准备的佳肴美食，缤纷丰富得如同春日花园里盛开的繁花。举杯、交谈、拥抱、寒暄，一群人热闹开心地吃着、聊着。

下午时分，大家开始散居各处，聊天、散步山径或打盹午睡。艾莉走向坐在廊前摇椅上的苏青，递上一杯蜂蜜薄荷甜菊茶，然后挨在她身旁坐了下来。

艾莉握住了苏青的手。

“今天的感觉真的好棒！我想跟你说，谢谢你。

“我还记得，刚认识你时，是我最混乱也最茫然无助的时候，那时你跟我说‘不要怕混乱’；你跟我说‘改变总是有可能的’；你跟我说‘这是一趟反向的旅行，这是一场关于改变、自在、幸福的心旅程’。这一路上，我慢慢地看见自己，慢慢地跟自己重新联结，慢慢地疗愈自己，嗯……不只疗愈，还有滋养，滋养自己！现在，我真的体会到你说的真谛与美好。虽然我还在路上‘螺旋形’地缓步前进，虽然要学习的还很多，但我真的想跟你说，谢谢你，谢谢你带给我的一切。”

一直专心倾听的苏青，轻轻抚摸艾莉的手，脸上露出春阳般的微笑。

“孩子，这一切不是我带给你的，它原本就存在于你的心底，我只是陪伴你、引领你。但终究，还是你内在的力量一路带领着你。有位大师曾说过一句很美的话，那也是我对于生命以及对于人与人交会的信念：‘我只是个平凡人，我只是尽力把自己活得好好的，好让别人见到我时，可以照见他自己……’

“也许在我们这段交会相处的时光里，你透过我照见了自己，但同时，我也透过你照见了某些我遗忘的美好。

“今天看着你带着文杰及全家人过来，看着你们的互动，听着你们的对话，我心里充满了感动。因为我知道，你曾经是如何在亲密与疏离间徘徊着；如何在爱与伤害间挣扎着；如何在温柔与刚强间茫然受困着。而现在，你勇敢地疗愈自己、滋养自己，练习逐渐完整地活出你自己。在这同时，你也开始在家庭、工作、亲密关系等各种面向里，和别人一起创造了你真心想要的爱的联结。

“这何尝不是我曾经走的一条路呢？我真的很欣赏你，也要跟你说，谢谢你，让我再一次看见这种美好又珍贵的爱与完整的图像。”

轻轻地把头挨向苏青肩头，感觉到与苏青之间更多温暖的相互欣赏与陪伴，艾莉感动地说：“爱，真的是一个我们都想抵达的目的地。现在的我，好像比以前多掌握它一些了，包括要怎么爱自己、怎么爱别人。只是有时候，它好像还是既清楚又迷离，真希望我能再多看清楚一点它的图像。”

“孩子，我相信你的智慧、力量、温柔与刚强，一定会带着你找到属于你的爱的图像，我期待你随时上山来跟我分享。

“关于爱的图像，我曾听过一段很美的描述，它是这样说的——

我想要的是，
爱你，而不抓住你，
感激你，而不评断你，
参与你，而不侵犯你，
邀请你，而不要求你，
离开你，而不感到歉疚，
评论你，而不责备你，
帮助你，而不侮辱你。
如果，我也能从你那里得到相同的爱，
那么我们就会真诚地相会，
而且丰润了彼此。”

（注：出自萨提亚 *Goals for me*）

艾莉听了，眼神闪亮，却静默着，慢慢品味深思着这一字一句带给她的感动。

“这真的是好美的一幅爱的图像。这段日子我感受到你给我的爱，好像就是如此——‘参与而不侵犯，邀请而不要求，离开而不感到歉疚，评论而不责备’……我也在这段旅程里，看见与体会到，冰山底层安稳怡然的自己；完整圆满的全人图；对于自己及别人的讨好、指责、超理智、打岔四种沟通姿态更深层的理解……这些帮助我一步步接近爱的图像。谢谢你给我这么多的美好与智慧，未来我会跟文杰一起带着这张爱的图像，继续向前创造属于我们的未来。”

轻轻地握住艾莉的手，苏青说：“这些美好的智慧，来自岁月及生命中所经历的一切，无论起落或悲喜，都如此滋养着我，与我交会的人事物，也在每一个时刻里丰富着我。更重要的是，一位心理学大师——萨提亚女士，在我的心旅行里，深深地引领触动着我。她智慧超然的真知灼见，她盎然丰沛的生命力，她对人饱满温暖的爱与信任，她与自己、他人、整体宇宙联结的生命示范，跨越漫漫时空与我相遇。我很高兴，她也与你相遇了。”

艾莉一边紧握苏青温暖的双手，一边将视线投向庭院。

湛蓝开阔的天空下，春天的淡金色阳光洒在花园里的薰衣草、玫瑰、蓝星花、柠檬罗勒、甜菊、车前草、姑婆芋、迷迭香上，也洒在不远处的香枫、小叶榄仁以及高大的樟树上。

每一个生命都安然地存在着。

苏青说得没错，

这是一趟关于“改变”的旅行。

这是一趟从“里面”走到“外面”的旅行。

这是一趟与“自在”相遇、与“完整”相遇、与“幸福”相遇的旅行。

此刻，艾莉开始体会到她想要的幸福——

完整地悦纳自己，和自己有一个和谐的关系；

自在流动地和他人接触靠近，和他人有一个和谐的关系；

跟整个世界深层联结，和宇宙灵性有一个和谐的关系。

她感到内在的自己如此饱满，同时又与他人、与世界靠近联结着。

这趟美好的心旅程，她会继续前行。